每个孩子都是艺术家

你也曾是个孩子

妈妈是最好的艺术老师

格桑 —— 著

山东画报出版社
济南

图书在版编目（CIP）数据

妈妈是最好的艺术老师 / 格桑著 . -- 济南：山东
画报出版社, 2025.1. -- ISBN 978-7-5474-5044-4

Ⅰ . G78

中国国家版本馆CIP数据核字第202420DD39号

MAMA SHI ZUI HAO DE YISHU LAOSHI

妈妈是最好的艺术老师

格桑　著

责任编辑　刘陆星
装帧设计　王　芳　张智颖

主管单位　山东出版传媒股份有限公司
出版发行　山东画报出版社
　　　　　　社　　址　济南市市中区舜耕路517号　邮编 250003
　　　　　　电　　话　总编室（0531）82098472
　　　　　　　　　　　市场部（0531）82098479
　　　　　　网　　址　http://www.hbcbs.com.cn
　　　　　　电子信箱　hbcb@sdpress.com.cn
印　　刷　山东星海彩印有限公司
规　　格　160毫米×230毫米　32开
　　　　　　8.5印张　195幅图　190千字
版　　次　2025年1月第1版
印　　次　2025年1月第1次印刷
书　　号　ISBN 978-7-5474-5044-4
定　　价　59.00元

推荐序

那些看向大海的人，会成为大海

裴庄欣

　　Hima 的画作，充满了丰富的想象和创造力，总是以独特的视角将日常生活化为一幅幅生动有趣的画面。她同时也是一位多才多艺的孩子，具有良好声乐、舞蹈等方面的技能。尤其值得一提的是，她对文字的理解和反向思维中所透出的灵气，呈现出来的是一种独立的观察世界的方法，我想这些都是她未来人生中宝贵的财富。我很赞同格桑在这本书中提到的艺术相通性，画画不仅仅是画画，它一定包括了创作者对文学和音乐的理解，以及对社会的思考。记得我在物质和精神极其匮乏的时候，偶然得到一盘肖斯塔科维奇第五交响曲的磁带，我当时是那样的狂喜。我在遥远的西藏小城埋头画画，只有音乐一遍遍陪伴着我，那种感觉是非常梦幻的。我一辈子都在画画，但对音乐和诗歌的迷恋也贯穿了我的大半生，并且都体现在了我的作品中。

　　看了 Hima 的绘画后，我偶尔翻到儿子小时候的绘画，却始终缺乏将它们发在朋友圈的勇气。儿子的画充满了奇特的方块，我承认这是我至今无法理解的表达方式。尽管儿子现在的发展早已超出了我的期待，然而我当年也曾试图教他用基础的素描来表现，记得他迅速就放弃了，这一点让我总会觉得亏欠他。几天前儿子突然来电，除了分享他在马德里的美术馆与几位早期的大师委拉斯开兹、戈雅、达利的相遇外，很遗憾他的童年和少年时期，仿佛与我并没有过多视觉艺术的交流。

　　格桑对Hima成长的关注与陪伴，让我感受到了作为家长所付出的努力，包括用视频记录下她的每一阶段的成长。我印象深刻的是Hima在帕洛仁波切身边创作绿度母的过程，透过拉萨小院子的树影，一个小孩在天地间心无挂碍地创作。这应该是一个艺术家最幸福的时刻，希望多年以后，长大后的Hima仍然记得。我敬佩格桑对孩子的用心，以及她自己在艺术上的不断学习和精进，这让我承认自己并不是一个擅长教育的家长，并因此感到惭愧。

　　Hima画画过程充满了活力和创造力，我甚至觉得她的作品放在双年展上都可被视为大师级的创作。孩子毫无拘束的绘画风格导致我偶尔在创作之前有些紧张，让我反思自己的绘画方式，同时也开始尝试用更单纯明快的颜色和平面图形，试着减少琐碎细节。

　　童年时，有一位忘了名字的叔叔教我画画，讲到画树应从下往上画，这简单的一句在我几十年后的新泽西时期的风景画作品中起到了重要作用。可惜我之前的大量作品，包括童年和少年时期的画竟然没有保留下来，说到这也是想借此机会，来对Hima家长再次表达敬意。

　　尽管Hima是如此优秀，但基于美国大学艺术专业毕业后的工作薪资情况，我还是曾冒昧给Hima妈妈私信，建议Hima将来最好不要选择艺术作为专业。这是我身为一个画家的实话实说，读者当然可以有自己的判断。但我相信，未来无论Hima最终选择什么专业，她都会凭借自己的才华和努力，走出一条精彩的道路。唯愿Hima在未来的日子里，能够继续保持那份对艺术的热爱和创造力，就已经足够。

　　这本《妈妈是最好的艺术老师》适合每一位家长、老师和艺术爱好者，它不仅是一本具有极强可操作性的艺术启蒙工具书，也是一本发人深省的教育心得书。相信读完这本书，你和你的孩子能得到松弛、自由和内心的平静，因为这些就是艺术能予人的最好的东西。

自 序 ————

教育不是把桶装满，而是把火点燃

上一个春天，孩子从学校得到了一些种子，我们认真地找了个角落把它们种了下去，隔天就去浇水、施肥，兴奋地围坐在种子旁边，聊天玩耍，猜想它们会不会长出来，能长多大。就这样来到了下一个春天，我们种下的种子没有开花结果。

但是，孩子小心翼翼地捧着种子虔诚的表情，涨红了小脸用力挖土的样子，仰着头在阳光里快乐地浇水，这些瞬间已经牢牢地定格在我的记忆里，世上最名贵的花也无以企及。虽然种子没有发芽，但孩子和我因为这把种子，观察到了这个角落的四季，第一次品尝清晨叶子上的露珠，第一次救起被玻璃撞晕的小鸟，我们发现了好大的蜗牛，我们看到了薄薄的雪花迅速消融的过程。我们在这把未知的种子周围说了好多话，分享了每一天的小情绪和小确幸。我在她的额头印下无数个吻，她在我的怀里留下数不清多少次热烘烘、软糯糯的依偎。这些带着心跳和温度的记忆，永远不会重来。

所以，果实重要吗？在陪伴孩子成长的路上，共同经历过的美好时刻，远比仅仅是收获果实有价值得多。这就是我作为一位母亲，坚定认定并践行的教育理念，也是我想传递的关于家庭美育的意义。

我并不以当画家为目标去培养孩子画画，也不赞同以升学加分、获得证书的目的去画画。事实上，艺术没有标准，画画带不来太多功利性的东西。为什么要让孩子画画？因为画画是每个孩子与生俱来的本能，画画和说话一样是孩子天然的表达方式，没有不会画画、不喜欢画画的孩子。懂得欣赏日落的人不会轻易被生活打败，眼里有美的孩子随时都会发现乐趣。而对于家长来说，陪孩子画画的过程是最幸福、最美好的亲子时光。

很感谢我的编辑刘陆星女士，她约我写下这本书，并不是因为我的孩子考上了名牌大学，或是获得了符合大众认知的奖项，仅仅是因为参观了我女儿的画展，看到了一个普通的小孩肆意涂鸦出的画作是如此自信和率真，就认定每一个小孩都可以通过家庭美育来充分地表达自我和得到快乐。

我惶恐且真诚地与您分享自己的心得，相信翻看这本书的朋友亦能略有裨益。在这本书里，我以自己女儿成长过程中的绘画实例并结合儿童生长认知规律来细细讲述"美"何以养成，加之介绍一些非常适合引领孩子认识和创作的艺术家及其作品，还有我在整个艺术启蒙和家庭教育中的个人感悟。书中谈的是艺术，却不止于艺术。写这本书我想打破几个长期以来的认识误区：

艺术不是遥不可及的，艺术就是我们的生活。纪伯伦的诗中写过"你的日常生活，就是你的殿宇，你的宗教"。藏在卢浮宫里的艺术品只是人类广袤艺术中的一小部分，而我们生活中的一花一叶、柴米油盐皆为艺术，不但唾手可得，而且我们完全可以成为创造者，成为生活的艺术家。

在生活中感知艺术，而不只在课堂上。**学习艺术，功夫在诗外**。法国雕刻家罗丹说过："你问我在什么地方学来的雕刻？在深林里看树，在路上看云，在雕刻室里研究模型学来的。"舞蹈家杨丽萍也不只埋头在练功房练动作，她去森林观察树，在西双版纳观察孔雀，才创作出了灵气逼人的舞蹈作品。

艺术不是装腔作势、艰深晦涩的。真正的艺术无需过多解读，却能打动不同文化背景、不同阶层身份的人。人人皆有评价艺术的权利，也不必因为"看不懂"而不好意思。所以请大胆地去观赏，勇敢地去尝试。

艺术并不需要花很多钱，就像真正的快乐也不需要花很多钱一样。这是我一直在强调的，在我带孩子亲近艺术、享受艺术的过程中，完全没有不计成本地花钱，所有金钱上的支出都是普通家庭可以负担的，反而，最有收获的时刻全都是免费的。都说学艺术很贵，然而却有痴迷芭蕾的云南乡村小女孩邬刚云在妈妈的猪肉铺里照着手机视频练舞，仅凭自己对舞蹈的理解就学会了高难度的动作。闪亮的鸟儿，羽翼上的光芒是遮不住的，邬刚云最终被北京的舞蹈名师发现，没有钱没有人脉的"猪肉铺女孩"考进了专业的艺术学院。

终身学习，而不仅仅在某一个阶段学习。一辈子很长，只要你热爱一样事物，七岁开始学很好，三十七岁开始学也不晚，七十岁开始学也来得及。有许多幼年被父母规定了学习技艺的人长大后就迫不及待地放弃了，也有很多小时候没有条件，成年后才开始圆梦的人，反而取得了更大的成就。年过50岁、农村女性、早年辍学、经历糟糕的婚姻、漂在北京做清洁工，在世俗的观念里，有这些标签的人不可能和艺术产生联系。然而就是这样一位女性，在五十岁后迷上了画画，每天下班后在狭小的工具间醉心创作，直到她的个人画展惊艳了世界，她的名字叫王柳云。因此，试试不要强求"一定要在小学毕业前考完钢琴八级"，而将目标改为"我想终生和音乐做朋友"，那么学习就是一种享受而非煎熬。

家是最好的学校，父母是最好的老师。再好的名校、再牛的名师都不如父母的言传身教、耳濡目染更能影响孩子一生。想让孩子喜欢阅读，家长自己先拿起书本；想让孩子爱上音乐和绘画，家长也要一起走进美术馆和音乐厅。浸润式的家庭美育一定比每周去外面上一节课有效得多。我们大多数父母都不是专业的艺术老师，但父母是最了解自己孩子的人，也是为了孩子能激发出无穷潜能的人。2019年有一位河南郑州的盲人女孩王怡文，以专业课第一的成绩被浙江音乐学院的声乐歌剧专业录取，她也是河南省第一个通过普通高考考上大学的盲人学生。王怡文的妈妈是一个和艺术毫无关系的普通人，但当发现了女儿的音乐天分后，她变成了一个超人。她凑钱送女儿学钢琴，她从头自学盲文，自己动手给女儿制作一本本英语教材，为了女儿学音乐，她又从头学习五线谱，自己翻译全中国独一无二的盲文乐谱。在各大音乐学院本就竞争激烈且从未有招收盲人学生先例的情况下，她勇敢地带女儿跑遍每一家考场去试，最终孩子进入梦想的学校。永远不要低估一位全力托举孩子的妈妈，妈妈也许本领有限，但是力量无穷。当然，我们不必做这么伟大的家长，只需要稍加用心，和孩子一起漫步艺术之路，这段旅程就会美好又轻松。

感谢于晓芹女士、Viva 小姐、Lumos 为 Hima 举办第一个画展，感谢豆豆姐姐促成这本书的出版，感谢大卫查尔斯品牌对儿童家庭美育的长久支持。

感谢我的女儿 Hima，很幸运做你的妈妈，在保护你心里的艺术萌芽时，我也重新浇灌了一遍童年的自己。

希望读到这本书的每一位读者，都能得到滋养和收获。

目　录

第八章　儿童绘画在心理学的意义

第九章　不会画画的妈妈也能陪孩子画画

第十章　这些名画，我也能画

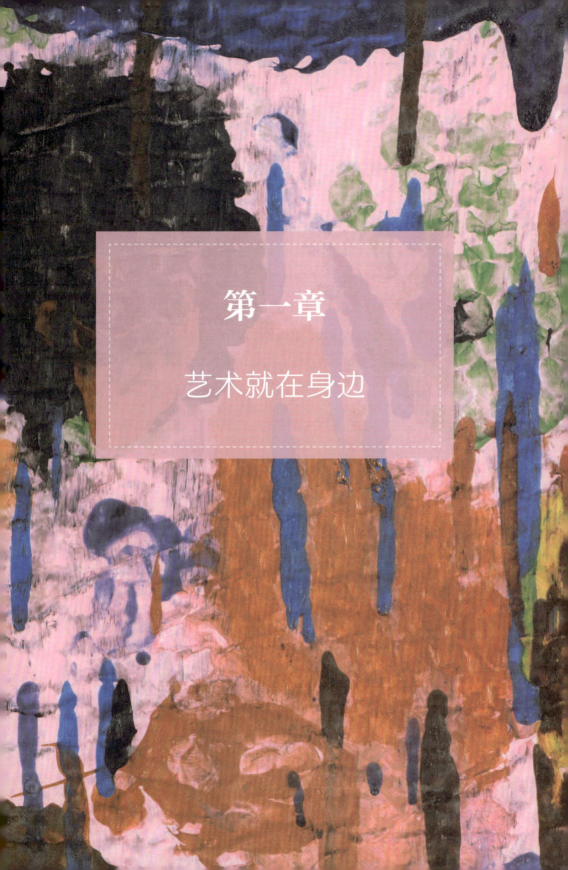

第一章

艺术就在身边

艺术的"超能力"

艺术，维基百科的解释为"凭借技巧、意愿、想象力、经验等综合人为因素的融合与平衡，以创作隐含美学的器物、环境、影像、动作或声音的表达模式，也指和他人分享美的感觉或有深意的情感与意识的人类用以表达既有感知且将个人或群体体验沉淀与展现的过程"。

艺术能保存我们的体验

今天我们会拍大量的照片，过年时全家人聚在一起的样子；在机场送朋友远行的样子；孩子第一次学走路的样子……如果没有照片留下来，随着时间流逝，我们终将遗忘这些时刻，即使模糊地想起，具体的细节也不再清晰。

罗马史学家提出一则绘画的起源说，那是一对恋人不得不分开时，女孩决定画下爱人影子的轮廓。她用一根烧焦的树枝在石头上画出一幅线条，那就是爱人侧面看她的样子。这就是艺术诞生之初能够帮助我们达成的任务：将心爱的人和一些重要的片刻永久地保留下来。

艺术是一种保存体验的方式，我们有许多稍纵即逝的美妙体验，都渴望能留存下来，艺术做到了。这些体验被画成画、写成音乐、作人诗歌，人们可以在一遍遍欣赏中反复回味这种体验，后人也可以在这些艺术中感受到自己未曾经历过的体验，世代流传。我们得以研究历史的那些不朽的名画，无一例外承担了见证者和记录者的角色。虽然今天我们已经能用拍摄照片和视频的方式记录当下，但艺术给予人的感动仍是无与伦比的，区别就像监控摄像机拍下的画面和电影故事的画面。

艺术使我们正视痛苦

众生皆苦，感知痛苦是我们生而为人不得不接受的事实，任何阶层、任何身份的人都有痛苦。而艺术有一个巨大的功能就是让痛苦变得没那么重要。

你可能有这样的经验：在被强者欺凌时，你不会流泪；而当有人怜爱地抚慰时，眼泪却夺眶而出。艺术给予人的，正是后者。艺术允许我们因感动而流泪，也会鼓励我们参与艺术品中传递的哀伤和沮丧，我们在艺术作品里得知悲伤是普遍存在的，而非我独有。

我们之所以痛苦，是因为我们意识不到自己拥有的事物所具有的价值，而总是渴望着自己想象中的其他美好事物。痛苦之所以显得极为沉重，是因为我们以为只有我一个人在承受痛苦，这种痛苦在自己眼前小小的一方天地里显得无比庞大，大到把日常生活全占满了。可当我们抬头看向眼前的一幅浪漫主义的画作，描绘星辰、海洋、广袤平原的画面，我们能够意识到自己的渺小，我们能理解短暂的困难与自然的永恒相比是多么微不足道，"为什么是我"的愤怒就会得到消解，平心地接受人活着就会遭遇痛苦这件事，继而看到当下我们已经拥有的东西，找到更积极面对痛苦的方式。

艺术使我们认识自己

人的一生都在寻求"我是谁？"而柴米油盐的生活很容易使我们身上独一无二的特点被淹没。某些艺术作品却能将你对自我模糊的猜测和混沌的情绪撷取出来，编辑好后，

《委屈的我》布面丙烯 Hima 5岁

再还给你，你终于恍然大悟，原来这就是你某部分的自我。

罗曼·罗兰说："从来没有人读书，只有人在书中读自己，发现自己或检查自己。"伟大的艺术作品之所以流传百世，都是因为欣赏它的人们从中得到了共鸣，而人类的共鸣都是相通的。我们会在爱德华·蒙克的《呐喊》里看到自己的不安和焦虑；会在汤马斯·劳伦斯的《红衣男孩》里看到自己对重返青春的梦想。有时看到一幅画，画里的光线极富深意，尽管我们不清楚画家创作时的想法，但我们会有一个念头：光线像这样的时候，我的感觉正是如此。画面上的这个人无所事事倚靠在栏杆上的表情和我很像，我就是这个样子，而且我希望多一点这种闲适的片刻。

艺术的创作更是在表达自我中逐渐发现自我。朱光潜说：

《庆祝》布面丙烯 Hima 6岁

"陶渊明何以爱菊？因为他在傲霜残枝中见出孤臣的劲节；林和靖何以爱梅？因为他在暗香疏影中见出隐者的高标。"即使普通人的穿衣造型、房间装潢，也是一种生活中的艺术创作。你可以明显感受到这些活动中体现出来的自我，这些精心布置的符号都在向人传达：看，我是一个这样的人。

艺术能扩展我们的经验

很多年前，在川藏线上一个偏远破旧的小饭馆里，我看到墙上挂着梵高的《阿尔勒咖啡馆》，开饭店的小老板一辈子没出过四川，他并不知道这是谁画的，画的是哪里，但本能地从装修市场里选了这幅五十块钱的装饰画，"放在墙上显得洋气"。

在艺术作品里我们能看到离自己的生活半径无比遥远的东西，能触摸到不同国家、不同年代的风云历史。如果没有《清明上河图》，我们无法直观地了解北宋的都城是何等繁华；没有《韩熙载夜宴图》，我们无从得知南唐上流社会的生活场景。我

《绿度母》 Hima 5岁

们没有办法体验所有人生，所以我们借助文学作品和电影；我们没有机会去游历世界，所以我们观看摄影作品和纪录片。

没有人能拥有全部的人生体验，但可以通过艺术作品来激发自己的想象，完成属于自己的艺术创作。写出千古名篇《岳阳楼记》的范仲淹当时并未在岳阳楼，只是好友滕子京重修了洞庭湖畔的岳阳楼，写信请范仲淹写一篇记，随信寄了一幅《洞庭秋晚图》供范仲淹参考。范仲淹就凭着对这幅画的印象和自己的感受，写出岳阳楼阴雨天时"阴风怒号，浊浪排空，日星隐曜，山岳潜形，商旅不行，樯倾楫摧，薄暮冥冥，虎啸猿啼"；写下春光明媚时"春和景明，波澜不惊，上下天光，一碧万顷，沙鸥翔集，锦鳞游泳，岸芷汀兰，郁郁青青"；写下烟雾消散时"长烟一空，皓月千里，浮光跃金，静影沉璧，渔歌互答，此乐何极"的景象，

最后得出"先天下之忧而忧，后天下之乐而乐"的千古名句。

郑钧写《回到拉萨》的时候，并没有去过拉萨；创作了"麦兜"的画家麦家碧从没有见过真的猪，而麦兜一直向往的马尔代夫，麦家碧直到成名后也没有去过。

现实生活的体验是有限的，而艺术，能让我们扩展出一千种人生，拥有无限可能。

艺术教我们学会爱

艺术的一项宗旨就是教导我们成为善于爱的人，懂得热爱河流、热爱天空、热爱马路、热爱石头。还有非常重要的一点，就是在这样的学习过程中成为懂得热爱别人的人。

深沉的爱和短暂的好感不一样，短暂的好感、仰慕是转瞬即逝的，但当我们认真去爱的时候，需要具备相应的能力，而艺术可以提供这种能力的学习。

我们从艺术中学习关注，像注视艺术品一样关心爱人的微小的细节；我们从艺术中学习耐心，美好的事物必须包含平庸的部分，像接受艺术的不完美一样包容爱人和自己的不完美；我们从艺术中学习持久的恒心，随着新鲜感的流逝，仍需要在爱中保持好奇，不断发现；我们从艺术中学习理性看待感情，当爱遇到挫折和变故时，我们明白幸福不是理所当然，爱也不是坐享其成。

有没有爱和被爱的能力，决定了一个人此生是否能享有真正的幸福。

《结婚》布面丙烯 Hima 5 岁

　　这是为爸爸妈妈的结婚纪念日画的，因为我看到了他们的结婚照是这样的，他们非常相爱。我画的是他们幸福地牵手，脚下一对流浪猫咪也结婚了，它们还迎来了自己的猫咪宝宝。所有的人都在相爱，这是甜甜的一天。

《有情众生》布面丙烯 Hima 5 岁

为什么孩子需要美育？

何以为美？

朱光潜在《谈美》中说："精于审美之人，往往有独立的人格，他能看轻一般人所看重的，也能看重一般人所看轻的。在看轻一件事物时，他知道摆脱，在看重一件事物时，他也知道执着。"

美育不是吃饱喝足后看个画，听个曲儿这么肤浅。西方和中国审美教育的发起都是在社会重大变革失败之时。席勒提出美育是因为看到法国大革命的失败，他知道了达到自由的路径不是政治经济的教育而是审美教育，经由审美教育培养的完善的人格，才有条件实施政治经济上的革命。蔡元培提出"以美育代替宗教"是因为看到了洋务运动、戊戌变法的失败，他意识到中国革命的关键不在于技术和制度，而是改造中国人精神状态，最胜任这项任务的就是美育。鲁迅意识到"学医救不了中国人"继而投身文坛，唤醒麻木的国人心灵，也因此确信了美育"救国救民"的重要性。

人们对美育还有一种误解，觉得美育好像就是穿个燕尾服装腔作势，是有钱人和渴望进入上流社会的中产阶级专属。可审美不是有钱就能买到，我们看到过不懂审美的人用重金盖的丑楼，许多钱堆出来的露怯装修；看到过不懂审美的当权者拍板选定的奇葩建筑，搞笑的市容设计；看到过所有名牌往身上套的穿搭方式，挥金如土的手笔，颗粒无收的气质。

艺术与应用科学从不相悖。物理学家钱学森喜欢弹钢琴，他说："正是音乐艺术里包含的诗情画意和对人生的深刻理解，丰富了我对世界的认识，使我学会了艺术的广阔思维方法。或者说，正是因为我受到这些艺术方面的熏陶，才能够避免死心眼，避免机械唯物论，想问题能更宽一点。"爱因斯坦擅长小提琴，袁隆平也喜欢小提琴。袁隆平被分配到偏远的乡村工作时，妈妈担心儿子会受苦，袁隆平让妈妈放心，他还有一把小提琴；李政道酷爱画画，他不但和吴冠中等画家多次合作，还鼓励年轻人把科学和艺术融合在一起，设立了上海交通大学李政道科学与艺术讲座基金；天才中的天才达·芬奇，不但是画家，还是多面的科学家，最早提出太阳中心说，研究领域包含解剖学、力学、地质学等，设计并主持修建了运河灌溉工程。美盲当不了顶尖的科学家，科学和美学的精神一样，都是充满好奇，不断发现，勇于突破。

普通人懂审美，能将生存变成生活，能让平凡变出奇迹。懂得美的人，生活中的一缕清风，阳台上的花萌出新芽，闻到被太阳晒过的衣服，看见一张色彩鲜亮的电梯海报，迎面撞见小鸟飞过，在这些平凡的场景里都能感知到美。人的一生就是无数个日常的瞬间组合起来的，如果我们忽略这些平常的瞬间，只期待惊天动地的大事，那人生就少了大部分的乐趣。

柏拉图《理想国》里说："一位儿童从小受了好的教育，节

《彩色小镇》 Hima 5岁

奏与和谐浸入了他的心灵深处，在那里牢牢地生了根，他便会变得温文有礼；如果受了坏的教育，结果就会相反。再者，一个受过适宜教育的儿童，对于人工作品或者自然物的缺点也最敏感，因而对丑恶的东西会非常反感，对优美的东西会非常赞赏，感受其鼓舞，并且从中吸取营养，使自己的心灵成长得既美且善。对任何丑恶的东西，他能像嫌恶臭不自觉地加以谴责，虽他还年幼，还知其然而不知其所以然。等到长大成人，理智来临，他会似曾相识，向前欢迎，由于他所受的教养，令他同气相求。"

一个从小接受了美育的孩子，很难说出"活着没意思""人生不值得"，因为他有一双发现的眼睛和一颗好奇的心，他会不断地、主动地发现各种新鲜的细节，他会比麻木的人接收到更多讯息，更有创造力，更能感知爱意和懂得如何去爱。有审美的人会更加珍惜生命，活出更有趣的一生。

审美力不是可有可无的点缀，是高质量人生的必备能力。

怎样的人不会被AI取代？

曾经，人们为了追求幸福的生活，有明确的规划，清晰的路径，你只要照着这条路走，基本能获得你想要的生活。我们的父辈可能在一个单位勤勤恳恳工作了一辈子，终身从事一份技术，最后满载保障光荣退休。我们从小被教育只要好好学习，听老师的话，才能考高分，上大学，才能找到一份好工作。当我们按部就班地照做的时候，发现情况似乎和长辈的经验不一样了，没有人能在一家公司干一辈子，有的行业已经永久消失了。曾经，打字员是一份重要的工作，所有的单位都得有这个职位，全单位的文件都依赖打字员，五笔输入法一度是电脑必学。可是仅仅二十几年，打字员这个职业就消失了。和父辈聊一聊，你会发现，同样消失的"铁饭碗"还有公交车售票员、电话接线员等。

人工智能的到来预示着更多的职业都将被机器代替，如病理报告分析员、前台、基层公司文员等都可能将被取代。

那么具备什么能力的人不会被AI取代呢？

有超强社交能力、协商能力和沟通艺术

英伟达的创始人黄仁勋举过一个例子，假设你要举办一场婚宴，有两百位亲友来宾，怎样排座位呢？这个问题交给电脑，电脑可能会算出两千种组合方案，但在现实中，电脑的方案一定比不过你那熟悉来宾又操持婚礼的母亲。

有诚实、正直、实事求是的品格

未来信息差将越来越小，欺上瞒下和弄虚作假将没有生存空间，科学不能容忍任何虚假。

有同情心、同理心，懂得爱与被爱

AI可能会模拟人的脑子，但它永远没有像人类那样柔软的心。许多复杂的问题只有爱可以去解决，不能单纯依靠指令。未来的强者更需要见贤思齐，互相协作。

最重要的是有创意和审美

所以，人工智能时代，美育的重要性比以往更甚。只擅长刷题和拷贝别人经验的人是不会得到有吸引力的工作，未来属于有创意和审美的人，这就是我们必须加强美育的原因。

家，美育的第一课堂

我的女儿Hima从两岁起痴迷画画，六岁时举办了个人画展，展出了五十多件大幅画作，成为上海有史以来年龄最小举办个展的画家，引起了不小的轰动。在她的画作被关注、被讨论的时候，总有一些猜测的声音：这个小孩肯定是艺术世家吧？办了这么大的展览，家长肯定有"钞"能力吧？一定是从小请名师教出来的吧？毕竟不砸重金学不了艺术。

但事实是我和孩子的父亲都没有从事画画相关的工作，孩子从来没有拜过老师，没有上过任何美术班，我们是普通的家庭，也从不会为孩子不惜一切一掷千金。Hima展出的画都是在家里画的，她的所有的艺术教育也都是从家里启蒙的，这一切都没有花什么钱。

画画是最便宜的爱好。比起运动项目需要的场地和装备，音乐项目需要的乐器和空间，画画太简单了，一支笔、一张纸就可以随手涂画自己喜欢的东西。城里的孩子可以画的，乡村的孩子也能画。在卢浮宫能看到艺术，在山谷小溪也能看到艺术。艺术没有那么贵，也没有那么高不可攀。

画画是最快乐的事情。仅就家长而言，陪孩子画画与陪孩子写作业、陪孩子练琴相比，差别可太大了，血压指数平缓下降，亲子关系也变得和谐，孩子更可爱了，妈妈也仿佛能年轻几岁。童年很短，陪孩子成长的时间就这么点，为什么不一起做一些开心的事呢？

Hima个人画展现场照片

　　画画是孩子的本能。画画不是一种才艺，画画是孩子天生的表达方式，和吃饭、走路、说话一样是生长发育中的必要一环。孩子天生就会画画，没有不喜欢画画的孩子。我们只要用科学的方式引导孩子画画和探索艺术，他就会成长得更舒展，身心会更健康。

　　一个孩子将来成为什么人，决定因素首先是家庭教育。1966年，美国著名的《科尔曼报告》在收集了60万学生的调查数据后曾得出一个结论：孩子百分之九十以上的素质是由父母决定的，影响孩子成长的主要因素是家庭，家是孩子的第一课堂。美育更是如此，家里的点滴浸润比学校的影响大得多。

Hima 和妈妈

我们一起做着喜欢的事情，有陪伴又有彼此独立思考的空间。

　　回忆我的成长，妈妈一直在给我营造一个宽松、乐观、自然成长的环境。从认字起，我想订的杂志报纸，全部帮我订阅上，每年我们家都是附近邮局订报最多的家庭。印象最深的是在初中时，我的成绩很差，总是班级最后几名。有一次，我勉强从倒数第三变成了倒数第十，全班五十几个人，这对谁来说都不是一个好成绩，老师照例用难听的话嘲讽了我。然而那天，我妈妈开完公布名次的家长会后，竟然还给我买了一束鲜花！她开开心心地祝贺我取得了一个显著的进步，把我夸成了一个了不得的天才，同时给了我一个大的拥抱。那天的晚餐甚至还有奶油蛋糕，像雪一样柔软甜蜜的滋味始终在我记忆里，那时候我就想，以后如果我有了小孩，也要像妈妈一样鼓励孩子。

　　画画让我和孩子一起成长。孩子对艺术的兴趣，也令我开始翻阅艺术、美学、早期教育、社会学和心理学的书籍，观察儿童的成长案例，加以实践和练习。一定要说投入，那最大的投入就是我身为妈妈在儿童美育上倾注的研究和心血，以及陪伴孩子画画的时间。以下就是我将在这本书里和诸位毫无保留分享的内容。

第二章

功夫在诗外

艺术教育不是工匠教育

由钢琴引发的思考

艺术是相通的，Hima也学钢琴。孩子学音乐，家长要先上课，因此我也浅浅了解一点当代琴童的现状。现在的家长都很理智了，明白郎朗、王羽佳这样的钢琴家难以复制，所以送孩子学钢琴只是为了领略音乐，陶冶情操，寄望以后音乐能成为孩子的伙伴。结果呢，孩子一旦进入学琴阶段，家长马上就掉进急功近利的考级怪圈。一味追求尽快考级，拔高考级，只顾考级，三年考完十级，最好五年级把十级证书拿到，因为初中就得忙文化课，没空弹钢琴了。

印象很深的一次钢琴家的大师课，孩子们表演了自己拿手的曲子。一个小朋友演奏的曲目叫《墨西哥恰恰舞》，弹完后钢琴家问他："你知道墨西哥是一个什么样的国家吗？恰恰舞是什么样的舞蹈吗？"孩子茫然地摇头。一个大孩子演奏的曲目叫《谷粒飞舞》，钢琴家问他："谷粒飞舞是什么场景？"孩子也不知道。只管看谱子，不去理解这首曲子在表达什么，怎么能弹出好听的音乐呢？要记住是**学音乐，而不是学乐器**。

不止一位钢琴教育家吐槽考级这件事，执着考级的后果就是：弹钢琴变成了痛苦的事，原本喜爱音乐的孩子变得讨厌音乐，直到高强度地练习通过了十级后，他们再也不愿碰琴。

即使是业余琴童，学钢琴也不应该只是坐在琴凳上埋头练那几首考级曲，应该去听各种类型的音乐，应该去看不同乐器的演奏会，应该去美术馆看画，翻阅西方美术史。

我们小时候，家长推崇的是郎朗这样的绝对天才＋超级苦练＋夺命虎爸型的偶像模式，但是到了我做父母的时候，我发现刘晓禹和张昊辰两位年轻钢琴家更适合介绍给孩子们。第18届肖邦国际钢琴比赛冠军刘晓禹7岁才开始学钢琴，而在他学琴以后，其他的爱好如游泳、围棋、赛车等都没有放弃，成为职业钢琴家之后，钢琴仍是他众多爱好中的一项。对其他门类的兴趣和探索并不会耽误刘晓禹练琴的时间，反而让他对音乐的理解更丰富、更多元。第13届范·克莱本钢琴比赛第一名的张昊辰，年纪轻轻的他被称为"钢琴思想家"。他非常喜爱读书，喜欢写作，还画得一手好画。他将自己对古典音乐与哲学、美学、历史、社会的思考，和与钢琴对话的生涯中感知到的共鸣写成了一本《演奏之外》，写得非常好。同时，这些从广博的领域吸收到的精华也会淋漓尽致地体现在他的专业上。

钢琴家鲁宾斯坦就经常跟好友毕加索去看画，他们互相从对方的艺术门类中汲取养分。西方绘画建筑和音乐的各种风格的名称是相通的，像巴洛克、古典主义、浪漫主义、印象主义，虽然同一个名称，但在几个领域里所展现出的特点完全不一样。比如巴洛克，在建筑中是一种极度装饰的风格，但在音乐中却指代一种极度理性、宗教性和神性的音乐类型。只要你带着一双好奇的眼睛推开艺术的大门，无数的人类宝藏就会主动向你走来。你看得多，听得多，对音乐的理解和共鸣就越深刻，指尖流淌出的音符才会更有表现力，否则就沦为了没有灵魂的技术工，没有感情的弹琴机器人。

艺术是很慢的，艺术是无法量化的，艺术是没有对错的，艺术不是立竿见影的激素。 孩子学音乐，学画画，学跳舞，绝大部分最终都不会成为职业艺术家，可惜焦虑裹挟了家长、老师和孩子，把原本优雅从容的艺术教育变得只求速成、气急败坏、面目狰狞。"刷题应试"成了艺术教育的主流模式，而艺术对于儿童最重要的作用——审美培育、心理疗愈、感知能力培养却被忽视了。

前面是以钢琴为例，美术更是如此。画画不只是画画，无论多小的孩子，多粗糙的线条，他画出的画都是个人对生活的理解和表达。所以想要丰富的题材、生动的笔触、新颖的创意，必

《驯鹿》 Hima 7岁

须拥抱真实的生活，触摸广袤的天地，去发现，去欣赏。学习艺术，会听、会看、会欣赏比只会手工活儿重要得多。

学画画要懂得听音乐，也要会看舞蹈。一幅画里存在着节奏与律动，作画的过程中也有音乐中的轻重处理和舞台上的跳跃旋转。不同艺术的交互刺激会打通审美的经络，领悟力和感受力会层层叠加，像雨中的涟漪一样一圈圈扩大。

顶级的美育不花钱

宋朝大诗人陆游在他逝世的前一年，给儿子传授写诗经验时写道"汝果欲学诗，功夫在诗外"。他初作诗时，只知道钻研辞藻、技巧、形式，到中年才发现这办法流于表面，诗注重的是内容和意境，应该反映生活的本质。所以陆游在另一首诗中说"纸上得来终觉浅，绝知此事要躬行"。任何行业，都是"功夫在诗外"，要强调"躬行"，开放地体验生活，虚心地请教他人。不然，你的作品外壳再精美，也是没有生命力的空中楼阁。

哪些地方可以去？不一定非得是华丽的歌剧院，富丽堂皇的博物馆。我经常带孩子去菜市场，亲手摸摸碧绿的青菜，绯红的西红柿，看看新鲜的带着泥巴的蔬菜被摆放得整整齐齐，瓜果桃李竞相争着饱满的"脸蛋"，各式各样的豆腐，盛咸菜的大坛子一个比一个好看。小孩子会惊叹切肉师傅利落的手起刀落，非常潇洒，还会站在鲜活鱼虾的柜台前盯到出神。菜市场的边上通常会有一排小铺子，压面条的，修鞋的，修改衣服的，配钥匙的，谋生的人们认真忙碌着，地上坑坑洼洼的积水映照着天上的白云。我们站在巷子口，向纵深望，任何一个角度看过去都是一幅生机勃勃的名画。

我想反复跟大家强调的一个理念是：**美育不需要投入很多金钱**。我经常带孩子去不用花钱的街心花园、公共绿地、郊野公园玩。在这里更容易接触到形形色色的人，听到各种各样的口音，看到野蛮生长的花朵和绿植。娱乐设施相对单调，孩子们反而会调动智慧，在有限的范围里想出最好玩的游戏。从跳广场舞的阿姨到抢滑梯的孩子，他们都有自己的江

《普吉岛的宵夜》 Hima 7岁

湖，自己的丛林法则，这一切都充满着生命的张力。孩子观察体会到了在需要买门票的地方体会不到的东西，粗粝、直接、爽利，这些在温文尔雅的国际学校或尊贵的迪士尼33俱乐部都是无从得到的，而这些正是映入作品里的火热的生活。

维克多·罗恩菲德在《你的孩子和他的艺术》中谈道："在生活中越早培养孩子的敏感度越好，而且没有任何限制。让宝宝在潺潺的溪水声中入睡，通过'听'让他意识到小溪的存在；让他听小鸟的歌唱，风吹过树林的声音；让他注意到落叶在脚下发

出的清脆响声；让他触摸并感知任何有机会碰到的东西；让他睁
开眼睛看任何能够看到的东西。我童年最宝贵的记忆之一就是：
当我和妈妈穿过田野时，她让我看到了大自然中的种种奇迹。"
就是感受，没有技巧。

平凡生活就是灵感来源

即使不出门，日常生活的观察也是灵感的来源。在前几年
抗击疫情期间，Hima记录下了大量真实的情景。我带孩子出去
旅行时，也有一个特定的小环节：我们会在一个游客特别多的商
业街上，进到一间视野开阔的小铺子里买东西，然后在那停留一
会儿，以店主的视角观察来来往往的游人，看他们穿什么，戴什
么，手上会拿什么，他们从哪儿来，会是什么身份，她和身边的
人是什么关系，他们今天出来开心吗，他们喜欢这个地方吗，他
们离开这个地方以后关系是否发生变化。我和孩子会进行大量的
讨论，这些素昧平生的人，在孩子的脑子里渐渐具体，开始有肖
像和故事的概念。

风景、静物固然很美，但让一切动起来的，永远是人。

我常常告诉孩子，每一幅很棒的画，必定包含一个动词。那
么，我们自己的画，也要找找动词在哪里，有了动词，才有了灵
魂。《小猫和球》，就是静止的一只小猫和一个孤立的球，虽然同
在一个画面中，但互相没有产生关系；如果是《小猫踩球》，有了
这个"踩"字，这幅画就动起来了。掌握了这个秘诀，不光可以应
用于画画，还可以应用在写作里。

《居家办公的爸爸》 Hima 5岁

　　这幅画画的是不能出门上班的时候，爸爸在家办公，他要在电脑上做好多工作，特别忙碌。这时候家里的猫和狗打起架来，它俩马上就要把花瓶打碎了，这个时候小老鼠也趁机来偷奶酪了。可怜的爸爸，他还不知道下一秒家里就要乱套啦。

《发布会的日子》 Hima 5岁

《妈妈当团长》 Hima 5岁

　　那段人心惶惶的日子，生活在上海的人，每天都收看疫情发布会，正在电视上讲话的是张文宏和邬惊雷。物资越来越少了，孩子都不上课了，姐姐在家练琴，弟弟爬上窗看楼下排队做核酸的队伍，妈妈打开冰箱发现只剩一棵白菜了。

　　买东西很难，妈妈带领小区团购，做起了"团长"。Hima给正在紧张团购的妈妈写了一封打气信。

◀▮ 作品，来自思考与悲悯

孩子有平等了解世界的权利

功夫在诗外，就不仅仅是画画。大人若能打开"你是小孩，我是大人"这道屏蔽门，小孩就能喷涌源源不断的思考和灵感。

以 Hima 的一些画作创作为例。每次我们在家里讨论新闻，她都会参与，并追问是怎么回事，为什么会这样。我们从不会说："小孩子不懂，别问了！"而是如实地解释给她听，并平等地听取她对这件事的看法。比如 Hima 五岁时，她第一次听到两个国家发生战争，她困惑于战争是如何发生，又为什么会令人狂热。我给她简单地讲了第一次和第二次世界大战的故事，又带她看了《大独裁者》和《美丽人生》两部电影。Hima 幼小的心灵真切地感受到了战争的残酷，她说，想画一幅反对战争的画。

我为她有这样的想法感到惊讶，接着大大赞扬了这个主意。她自己思考了两个星期，设计了许多场景，但都不满意。她说："我知道我的意思，但不知道怎么画。"这期间的一天，上海佳士得来了一批纽约涂鸦艺术家巴斯奎特的作品准备拍卖，我带她去看了预展。她看见巴斯奎特作品中鲜明的符号、愤怒的人物、粗放的线条和肆意的色块后激动地说："妈妈我知道怎么画了！"一回到家，她爬上我的电脑桌，用刚学的拼音输入"战争"两个

《No War》 Hima 5岁

字，搜索想要的图片。在搜索结果显示的众多图片里，她选择了以下几张：毕加索的名画《抱膝女子》、一张脸上充满恐惧的孩子们的照片、一张哭泣的士兵的照片、一张《大独裁者》卓别林的剧照、一张因失去家园而麻木的人群的照片。她叫我把这些图片打印出来，然后按照自己的想法拼贴在画布的不同位置。接着她又找出自己前几天画的一张画，画上是爸爸妈妈和孩子正在开开心心地遛狗，把这张图也贴在画布上。然后她拿出最大的刷子，用力地在画布上随意刷上两种鲜明的颜色。她穿上爸爸的大皮鞋，给鞋底涂满鲜红的颜料，狠狠地踩在毕加索的画上，踩在一家人遛狗的画上，踩在哭泣的孩子们脸上。当战争来临的时候，艺术被残暴地践踏，美好温馨的日常生活不复存在，孩子们的一切都被无情地毁灭了。最后，用粗粗的黑笔在画布中间画出一个伤心、愤怒、绝望、嘶吼的人，这个人一边哭喊，一边大声地说："战争滚开！"

这就是这幅《No War》的由来。看过这幅画的人都能感受到创作者的急切和忧虑，感受到小孩子对停止战争的大声疾呼。所以请相信孩子，孩子的心是赤诚的，孩子的真情实感一旦有机会表达出来，将会有排山倒海的感染力。

我们在看一本介绍海洋世界的书时，我给她看了一条新闻，是关于一只鲸鱼搁浅在了海滩上，痛苦地死去，后来经过解剖发现，它的肚子里全是人类丢在海里的塑料袋。了解到事情真相后的Hima久久不能平静，她知道鲸鱼是海洋里最聪明的动物，连它都会误食人类的垃圾，那说明海洋污染已经到了非常严重的程度。她决定画一幅画表达自己的震惊，于是就有了这幅《死去的鲸鱼》。为了更直观地表现，她直接就用了垃圾袋放在鲸鱼的肚子里，希望人类能重视海洋污染，不要再往海里丢塑料袋了。

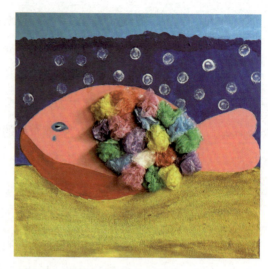

《死去的鲸鱼》 Hima 5岁

有一年冬天，我们都在关注一位可怜的妇女，她几经拐卖，已经神志不清，被发现的时候，她已经生下了好几个孩子，脖子上套着铁索，没有自由，没有家人。这本来是离一个小孩很遥远的事，但Hima一定要知道，于是我就告诉了她，同时告诉她拐卖女性和小孩是怎么来的，而且现在还有。我觉得没有什么好回避的，而且这是必要的安全教育。

听完后，Hima画了一本绘本故事书《女人被救出来了》，讲述了一对母女正开心逛超市的时候，结果被坏人抓走，卖到了一个村子里的故事。最后是女孩用学过的功夫，逃出了囚禁的牢笼，还救出了脖子上被套了锁的妈妈，母女二人千辛万苦跑回了家，有了一个理想的结局。当我看到这个故事的时候，无法形容当时的心情，此刻我知道孩子的愿望是多么善良，孩子的呐喊又是多么令成年人羞愧。我们身为大人，更加有责任为孩子创造一个远离丑恶、平等安全的环境。

鼓励孩子思考复杂的问题

《花衣魔笛手与小女孩》的灵感来源也是严肃的社会新闻。一位十几岁的中学生离奇失踪，少年的去向成为全社会关注的话题，时不时有相关新闻推送到手机上。Hima也知道了这起事件，并和千万网友一起期待少年归来。最后，让人难过的事情发生了，失踪的少年被发现时已自杀身亡。我没有避讳，如实告诉了一直关心此事的Hima。

在我的观念里，死亡教育必须是家庭教育不可缺少的重要部分，懂得死亡才会懂得尊重生命。Hima得知这个消息十分震惊，刚上一年级的她尽享生活的甜蜜和快乐，她不理解为什么有孩子会舍得离开这个世界。她开始留意小区里初三孩子家的书房，开始观察补习机构门口的中学生。思考了几天之后，她跟我说起我曾给她讲过的一个故事，这是《格林童话》里的《魔笛》。故事讲的是一个德国的小镇闹鼠灾，一位有神奇本领的吹笛手来到镇上，表示自己的笛声可以驱散老鼠，条件是一百个金币，镇民赶紧答应了。而当吹笛手用笛声赶走了老鼠后，镇民们却不守承诺。最后，魔笛手为了报复，用笛声把镇上所有的孩子引诱走了，离开了这个小镇。

Hima将这个故事和青少年自杀事件联系起来，画了一幅令人震惊的大画。画面的中心是一个抱着自己的短发小女孩，她坐在窗台外面，满眼失落和忧郁，连毛衣上都满是纠结的毛球。背后的窗户内是家里温暖的灯光，彩色的墙纸，高级的笔记本电脑。此刻已是深夜，天空中飘着一位斑斓花衣的吹笛手，正在用

《花衣魔笛手与小女孩》　Hima 6岁

　　先拍下一张照片，以自己不快乐的样子作人物参考。Hima历时两个月完成了这幅《花衣魔笛手与小女孩》。

有魔力的笛声引诱小女孩离开这里："你这么不快乐，就跟我走吧，离开吧。"小女孩十分危险，因为她坐的地方是高楼的窗台，一不小心就会坠落下去。眼看花衣魔笛手的笛声就要带走小女孩，突然一只软萌的小猫跑过来抓住了小女孩并说："你可千万别死啊，生活还是很美好的呀。"Hima在这幅画中想表达大人以为孩子都是快乐的，其实孩子的生活也很辛苦，没有人关心、没有人理解的孩子，就会被花衣魔笛手带走，离开这个不快乐的世界。所以，请大人关注辛苦的孩子吧。

《花衣魔笛手与小女孩》这幅画在儿童作品里绝对是个异类，它的沉重和严肃远远突破了成人对儿童画的理解。孩子的画不光只有小鸟天空，花朵游戏，只要不设限，他们的思考可能比成年人还要深刻。

每天和孩子聊聊天

如果有条件，请保持每天和孩子聊天，内容不限于今天学校里发生了什么新鲜事？今天你的心情好不好？好或不好是因为……可以告诉孩子今天你遇到了什么好玩的、有趣的、悲伤的事，请孩子谈谈自己的看法；有时可以倾诉自己的难题，请求孩子提供解决方案；当你看手机新闻的时候，挑选一两条跟孩子分享，用"你觉得呢？"这样诚恳的话语来询问孩子的想法并展开讨论。

无论你的孩子是不是在画画，这些讨论都是十分重要和有益的。孩子和你朝夕相处的时间不过就短短十几年，很多细碎的、幼稚的、日常的话，现在不聊，以后就再也没机会弥补了。

如何培养孩子的审美？

说几个常被忽视但却是十分重要的要素。

整洁的环境就是一种美

也许我们的家不大，不豪华，装修也很朴素，但是我们完全可以把家整理得干干净净，零碎物品摆放得井井有条，衣物、书本都有序地收纳进衣柜和书架。在这样的环境里生活，无论大人还是孩子，自然对美感有了标准，做事也会更高效、更有条理。日本有一位王牌体育老师原田隆史，他曾经培养出一支强大的田径队伍。他对学生其中的一个要求就是——整齐地摆放鞋子，他认为要想培养孩子的专注力，让他们觉察到细小但关键的事物，坚持摆放好鞋子是很重要的。把鞋子摆放整齐这个整理动作，不仅能起到安抚精神的作用，而且能确认自己的注意力是否在启动状态。

家是审美培养第一站

我们可以用一些小心思，就能让家充满美感。比如下班的路上买一把花，用合适的花瓶插起来放到餐桌上。我见过有的老人把仅一平方米的小阳台打造成像热带雨林一样令人惊艳的迷你花园；也见过在狭小的出租屋里用捡来的巴黎水瓶子和易拉罐动手做出极具创意的插花。鲜花有奇妙的生命力，再没有美感的家庭成员，当看到不同的鲜花时也会感受到新生与喜悦。四季不同的鲜花，对孩子来说，既增长知识，也启迪哲思。

Hima举办画展的第一天，收到了许多鲜花，她兴奋极了。她问我是否可以永久保存这些花，我告诉她花总会凋谢的，所有的生命也都是如此。过了一会儿，她用一朵花和一行字做出了这样一幅作品。不能不说，审美的积累也会打开哲学的大门。

Hima的鲜花手工作品　6岁

认为柴米油盐和艺术是不兼容的，本身就是误区。**美学最大的贡献就是融于生活中，并提升日常生活的质感**。比如使用成套的碗碟，根据食物的颜色和形状选择不同的容器盛放，吃饭时的愉悦感就会大大增加，家常菜也能吃出米其林餐厅的仪式感。日本作者山本美芽写过一本书叫《美感是最好的家教》，里面专门讲了"为什么冷豆腐要放到深色盘子里"，这个小小的话题非常有意思。如果把冷豆腐放在白色盘子里，两种浅色摆放在一起，边界线不明显，出来的摆盘就不够好看；但如果把浅色豆腐和深色盘子放在一起，它们之间的界线会十分明确，强烈的对比色使得豆腐更加白嫩晶莹，更令人有食欲。审美，不是什么大动作，就是渗透在这些生活细节之中。

吃早餐发现一个双黄蛋，给它加上胡子吧

画一个最喜欢的形象，然后把它吃掉

让孩子从小学会服装的合理搭配

在以前，学校教育似乎从不提倡"打扮"。老师和家长默认"热衷打扮会影响学习""注重外表就是臭美"，我们这些可怜的80后和90后，整个学生时代的穿着记忆都是肥肥大大的校服，校规严格的学校甚至还会规定男生女生的发型，

用巧克力酱在吐司上画只小狗

稍微动点心思打扮的学生会遭到斥责和嘲笑。这样做的结果就是终于蓬头垢面地考上了大学并且顺利毕了业，当需要找工作、谈恋爱、出席不同场合的时候，却不知道自己该穿什么、适合什么

风格、应该是什么形象，于是又要花很多时间，走很多弯路，补上个人形象这一课。我们现在就可以让孩子自己认识服装的色系，练习不同的搭配，体会怎么样的搭配是协调的，自己的肤色适合什么颜色的衣服，想穿出酷酷的感觉还是乖乖的样子取决于什么元素。也要让孩子知道不同的场合该穿什么样的衣服，去参加正式音乐会穿体育课的衣服就不合适，去祝贺小朋友的生日穿得比主人公还华丽也不合适。我向来反对给小孩子穿金戴银，买大牌衣服。孩子的衣服做到面料安全舒适、款式简约大方、不束缚行动就够了，但是一定要让"得体""恰当""和谐"的审美理念深植孩子的心中。

从家长自身形象的重视开始建立孩子的审美

无论是爸爸还是妈妈，有一个清爽、精神的面貌是很重要的。孩子对美的欣赏、鉴别和模仿都是从爸爸妈妈身上开始的。很难想象，一个不修边幅、邋里邋遢的父亲，能培养出一个对审美有追求的孩子。对家长来说，保持自己的形象也能给自己带来愉悦和自信，甚至改变一个家庭的气场。也许你看到这里会说："带孩子和上班已经够累了，看本培养孩子的书怎么还要求家长打扮呢？"注重形象并非要求人化精致的全妆或穿华丽的衣服，而是在自己的职业作息、生活习惯和经济能力之内，经营一个适合自己的风格。即使是以朴素、舒适闻名的"海淀穿搭"，身穿运动裤，手拎帆布袋的一身，也可以通过颜色的选择和稍加打理的头发，变得利落飒爽。

从布置孩子的活动区域开始建立孩子的审美

孩子出生以后，新手父母要买各种玩具和装备，一块爬爬垫，一个游戏围栏，都是婴儿视野清晰以后长期看到的东西。从这时候起，家长就要考虑购买这些用具时，除了材质安全无毒，还要在配色和样式上选择平衡且美观的。给婴幼儿玩的东西，不是越花哨越好，更别说市面上有相当多都是敷衍的设计，放在家里并不好看。颜色清新淡雅，图案鲜活有趣，并适配整体家居的儿童活动区能让孩子"第一眼"就在视觉舒适的环境里。

去逛审美在线的商店和自带气质的书店

例如极简风格的无印良品，还比如诚品书店、茑屋书店、朵云书店、钟书阁等，感受它们和其他同类书店有什么不同。街头的广告牌，精品店的橱窗，都可以驻足欣赏和比较一下，哪些格调上乘，哪些令人印象深刻。

去大自然里感受美

在这里我想澄清一些误区，见识大自然之美不是说必须去有名的地方。名山大川、奇观胜景的地方当然很好，我们去旅行的时候总是会奔这些有名的地方。但是至少在国内，大部分围起来收门票的地方往往会修一些人为的、多余的东西，栈道、亭子、电瓶车、观景台、莫名其妙的装饰和标语、排不见底的长队，以及在打卡点挤着拍三十秒"到此一游"的照片。这样的"名胜古迹"之旅，加上旅行又多在人挤人的寒暑假、公共假期，大人孩子赶路的疲惫远远大于江山之美，对于拥挤的人群、出行的盛况是印象深刻了，但对于自然之美未必能有深沉的认识。

其实，选一个家附近的公园，在作业不多的放学后经常去看看，找同样的一棵树、一条河，观察它在四季流转间呈现出的形态是什么样的，这就是最放松最日常的自然之美。普普通通的一棵树，春天的嫩芽、夏天的繁枝、秋天的落叶、冬天的秃丫，伴随着孩子身上的衣服从夹克T恤到长袖棉衣。公园里的人来来去去，早上晨跑的人、傍晚跳广场舞的人、初夏露营的人、冬天寥寥无几的人。在时令的交替中，想象架一台相机在这里，把看到的东西用延时摄影拍下来，将会看到一部怎样的影片？对自然的感知力，是孩子的童年里必须郑重保留的感受。

"感知力"是最重要的

审美培养的是"感知力"，不仅是视觉的感受，而是"五感"都要调动。人类有视、听、触、嗅、味五种不同的感官，当不同的感官被调动起来，或感官之间形成交织，就能够使人们对同一件事物产生全新的感受。从人类幼年时候起，五感越丰富，成年后的感知力就越强。

当小宝宝学习进食，从喂食到自己吃，中间有一个特别重要的环节就是"感受食物的形态"，遗憾的是这个环节常常被注重

"餐桌礼仪""吃有吃相"的家长忽略。苹果—苹果泥—苹果块—苹果干，对宝宝来说，除了闻起来一样，其他感受是完全不一样的。孩子好奇地去捏，去摸，这个过程经常被父母粗暴地打断或取消，理由是"手摸食物不卫生""吃饭必须用筷子，手抓像什么话"。其实，"软绵绵""黏糊糊""脆生生"，这些都是需要用手去获得的触感。Hima幼儿时期，我让她把手伸进家里的米桶里，感受密集米粒的质感；当她好奇地抓番茄酱的时候，我就挤出一团让她抓着吃；脱掉她的袜子和小鞋子，尽量让她光着脚踩踏不同的地面。让孩子去触摸不同形态的食物，能更加深孩子的感知力，他会变得更敏锐，更有灵性，只是，作为父母你会接受孩子这样的尝试吗？

小孩在餐桌上敲碗这种行为，几乎是被所有家庭视为"没有礼仪"的。可是，敲击不同的器皿发出各种不同的声音，这个过程本身就是超级有趣，值得让孩子去探索的。世界级的贝斯手理查德·博纳小时候就喜欢用叉子敲餐桌，制造自己的节拍，每次父母斥责他的时候，是外公保护了他的乐趣，外公允许他在饭桌上敲敲打打，继而让他对多种乐器产生了兴趣，一直到长大后成为杰出的音乐家。

坂本龙一平时喜欢随身带一根小棍子，看到感兴趣的物体就上前去敲一敲，体会各种东西发出的声音。声音是他感受世界的方式，当许知远问他："当年拍电影的时候，紫禁城是什么样的？"他的回答："风的声音。"

我记得自己小时候第一次来到江南，最深的感觉就是潮湿。八岁那年的秋天第一次抵达南京火车站，首先感受到的就是"潮湿"。作为一个北方边塞之地长大的小孩，一直在干燥凛冽的环境中生活，瞬间接触到那种氤氲的潮湿之气，印象特别深刻。那是一种略带咸味的、有着小笼包和老鸭粉丝汤味道的气味，它占领了鼻腔里的大部分空间，令初来乍到的感官惊慌失措，又微微窒息。我和爸爸妈妈坐在旅社拉客的三轮车上，一路摇摇晃晃，嗅着满街潮湿的气息，看着车轮之下的青石板路泛着湿漉漉的潮气，这种记忆牢牢地跟随我一生。

视觉、听觉、嗅觉、味觉、触觉，这些"五感"构成了人类对于探索和认识世界的基础。我们应该在条件许可的情况下，让孩子尽情地用"五感"去体会所有的事物，而不是只通过单一的描写或讲述来了解。

回想我们小时候玩的一些老游戏，都是充分调动了五感的。男孩玩的滚铁环，在跑动维持铁环平衡的时候，你听着铁环贴合地面滚动的声音，感受着铁环滚动的频率，控制着自己的节奏，聚精会神地关注铁环的走向，孩子的感官被全部开发出来。女孩玩的丢沙包、跳皮筋、丢手绢、跳房子也是如此，看起来很简单，但是腰腿、心肺等都在高速运转，五感齐开，对孩子的智力和美育感受力都是最直接的训练。

现在玩的东西太多了，玩手机游戏、电脑游戏，精巧的算法设计绝对让人欲罢不能，即使是小孩子，各种主题乐园的游戏也足以令人痴迷排队数小时而无怨无悔。可是，这些执着于声光电和极致感官刺激的游戏除了一层层提高孩子的快感值，还有多少能量可以直击人类真正快乐的中枢？如果你连续追踪住在网吧打电动的少年，你就能知道，天天沉迷于游戏的孩子也并不如他们最初想象的那么快乐，他们只是不知道还有什么事情可以做，并且在无休止的游戏后感到巨大的情绪黑洞和控制不住的茫然。就像偶尔刷一下短视频，令人感到好玩，但是连续刷一下午后，你会觉得特别空虚。因为这些快感只是停留在马斯洛理论最表层的快乐。

《捣蛋鬼闹课堂》 Hima 6岁

心理学家亚伯拉罕·马斯洛把人的需要分成五个层次，后延伸为八个层次。各需要是由低到高逐级形成并得到满足的。其中，自我实现需要和超越需要是最高级别的需要，获得的体验也是最高层次的满足。

自我实现需要是自我的实现和发挥潜能。例如伟大的运动员为了超越自我而挑战自己的生理极限；企业家不再只为自己盈利而工作，而开始承担更大的社会责任。

超越需要是当一个人的心理状态充分满足了自我实现需要时，所出现短暂的"高峰体验"，通常都是在执行一件事情时，或是完成一件事情时，才能深刻体验到的这种感觉，一般会出现在艺术家等人的身上。例如演奏家在演奏音乐时感受到的"忘我"；画家、作家在创作时废寝忘食却并不觉得辛苦，创作的成就感令他忘记时间的流逝和肉体的疲劳。

马斯洛八阶段模型

马斯洛八阶段模型	介绍
生理需要	食物、水分、空气、睡眠、性的需要等。它们在人的需要中最重要，最有力量。
安全需要	人们需要稳定、安全、受到保护、有秩序、能免除恐惧和焦虑的需要。
爱和归属需要	一个人要求与其他人建立感情的联系或关系，如结交朋友、追求爱情等。
尊重需要	马斯洛分为两类：内部尊重（人们希望在各不相同的情境中具备实力、能够胜任、充满自信和自我认可的需要）和外部尊重（人们希望具有社会地位、威信、受他人认可和高度评价的需要）。
认知需要	知识和理解、好奇心、探索、意义和可预测性需要。
审美需要	欣赏对称、秩序和美等。
自我实现需要	人们追求实现自己的能力或者潜能，并使之完善化。
超越需要	一个人的动机是超越自我的价值观

人类快感的极致是这两个层次，而要达到这种境界需要不断地打破低级别的满足，去进步、去追求更高阶段的需求。例如第一批富起来的企业家，最早是追求豪宅、名车等奢侈的生活，也就是马斯洛需要的第一层；他们很快就发现美酒佳肴带来的快感不能再满足自己了，于是开始流行跑马拉松、登山徒步这些更健康、更高层次的生活方式；接着他们想要得到更多尊重和认可，于是会关注企业责任，为需要的群体提供捐赠和支持，这些行为带来的体验早已远远超过物质的享受。当他们不断获取更高层次

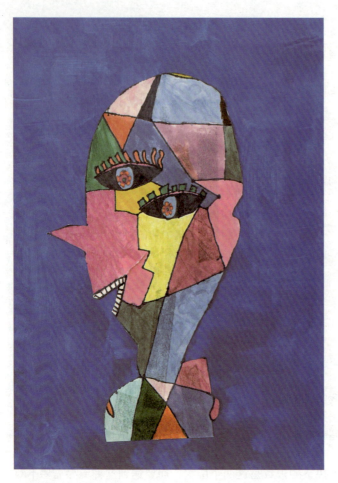

《聪明的人》 Hima 5岁

的需要后，会激发出"让自己的力量推动世界"的愿望，这便是
自我实现的巅峰体验。

　　简而言之，最高的快乐体验不是外界给予，而是自我创造。
画画、写作等创造性的活动更容易获取最高层次的快乐。

让画画成为一种消遣而不是苦练

兴趣≠特长

兴趣是什么？兴趣是自己想做的事，而不是按时去上爸爸妈妈给你报的某个训练班。画画既然有我说的那么多好处，该怎么让孩子一直画下去呢？一定不是"坚持"，一旦出现这个词，这事儿已经变得不美妙了。"勤学苦练"这四个字，当你看到时会觉得特别激动、兴奋，就想马上去做吗？肯定不是。体育需要坚持和苦练，乐器需要坚持和苦练，因为这些属于"特长"而不是"兴趣"。我认为画画给孩子带来的是开心，那我就希望画画永远让孩子开心，绝不额外设置任何目标和压力，当画画成为一件纯粹而好玩的事，孩子自然就会一直画下去。

我们中国人好像对吃苦情有独钟，"吃得苦中苦，方为人上人""梅花香自苦寒来""苦难是人生的财富""学海无涯苦作舟""头悬梁，锥刺股"，仿佛没有吃一番痛彻心扉的大苦，你的人生就不完整。这种观念投射在教育上就更是如此。学生被教育学习苦才是对的，学习不苦肯定是你有问题。作业多你的前途才有把握，作业少你将来就没出路了。你刷5套卷子，我刷8套卷子；你每天睡6小时，我就每天睡5小时；你每天练琴3小时，我就每天练琴10小时。至于效率怎么样？这样做到底有没有用？不管，只要苦了就对了，孩子苦了家长老师就安心了。

的确，在地域辽阔，教育资源极不均衡的情况下，以淘汰手段为机制的选拔方式也许只能是无奈之举。但违背儿童成长规律、损害身心健康的教育理念的恶果是由我们孩子用一生来承担的，而不是那些宣扬错误教育理念的得利者们来承担。

"学习就要吃苦"这个理念已经固化了我们很多年了，然而学习应该是快乐的，孩子应该喜欢学习。

"画画能让我快乐"，这就够了！

日本"图画书之父"松居直在创办后来畅销50多年的科普期刊《科学之友》时说："我们并不是要教孩子们科学，而是以身边的事物为例，让他们自己去思考、去学习。让科学作为一件无比快乐和有趣的事情。"

如果现在让你去背一个陌生的非洲国家的国情介绍，你会觉得枯燥难记。但如果上司让你下周去这个国家待一段时间，你必然会主动地查找资料，研究这里的生活习惯，法律规定，学习这个国家的语言，因为你有迫切的学习需求，这关乎你的生存。

《小王子》的作者圣埃克苏佩里说："如果你想造一艘船，不要抓一批人来搜集材料，不要指挥他们做这个做那个，你只要教他们如何渴望浩瀚的大海就行了。"

有动力的学习，主动的学习，不会觉得苦。

学习符合自身年龄和认知水平的知识也不会痛苦，学习感到痛苦的原因是：不匹配。难度与现有阶段不匹配，超出了现有阶段的理解能力，比如小学三年级拔高做初一的奥数题；强度不匹配，任务超出了自己能负荷的极限，比如给小学低年级学生布置需要写到11点的作业。

真正的学习也不是大家整齐划一埋头读同一本书。现代的学校教育体制起源于18世纪的普鲁士王国。工业革命的进行使得社会需要大量的年轻劳动力，普鲁士教育体制在此时应运而出，旨在为工厂培养大量掌握劳动技术、遵守纪律、服从命令的年轻工人。从进入学校的第一天起，普鲁士的学校就要求儿童在学校不可随意走动、不可随意上厕所、不可抱怨、不可违抗命令，目的在于使未来的工人习惯在艰苦的环境下高强度工作并且服从工厂的管控。除了习惯养成和技能培训，普鲁士的学校还对学生加以长期思想灌输，宣称将孩子们培养成"诚实、勤劳、可靠并且热爱普鲁士，热爱国王的新一代"。在当时，普鲁士工厂教育体制对于劳动力的培养以及推动工业革命进程是起了重要作用的，普鲁士王国实现了人人都接受教育的目标。19世纪上半叶，美国照搬了普鲁士的教育体系，创立了K12教育体系。东亚三国在19世纪末为了追赶西方列强而开始引进这种现代教育制度，最先是日本，接着是中国和韩国，东亚国家又在普鲁士教育制度上加上东方的儒家传统，再加上千年科举制度留下的影响，把普鲁士教育对服从权威、高度统一的特点发挥到了极致。

虽然现在大多数人都意识到落后的教育体系和当前人类情感与认识的发展已经不再匹配，从提出"让学校适应学生，而不是让学生适应学校"的夏山学校开始，世界各地也都在进行创新教育的改革与探索，但传统的工厂形式仍是学校教育的主流模式。学校教育受客观因素制约，集体教学很难做到个性化的因材施教。

当学校教育不能照顾到个体差异，我们家长也无法改变体制的导向时，课外的兴趣学习应该起到弥补和纠错的作用。打篮球让孩子释放紧张，练跆拳道让孩子变强壮，跳舞蹈让孩子改变心情，弹古筝让孩子平复情绪。然而学习上的焦虑席卷了一切课外兴趣，过于功利的目的性再次强加在孩子的兴趣爱好上。家长认为什么爱好都不能白学，孩子在各种各样的考级和比赛里来回奔波，甚至像专业运动员、演员一样高强度日日苦练。当单纯的兴趣和升学、加分、评优挂钩，兴趣还能剩几分？

仅仅拿画画来讲，有一个画画神童的例子很值得一说。1979年第一期的《人民画报》用了一个六岁的小男孩做封面，上一次这本刊物以人物为封面，还是齐白石。他手持毛笔，一脸童真。这个继齐白石之后成为权威美术期刊人物封面的孩子，名叫谭文西，当时，他被画坛誉为天才神童画家。他的爸爸谭峥嵘就是一位画家，在家庭教育的熏陶下，五岁的谭文西以一幅山水画作拿下国际金奖，第二年成为继齐白石之后荣登《人民画报》的封面人物，连国际绘画大师大卫·霍克尼都慕名而来，专门到桂林见谭文西。他七岁的时候就拍了个人纪录片《漓江画童》，后来西安电影制片厂又为他拍了故事片《自然之子》。十岁时，他画的一幅《猫》被制作成邮票在全球发行，谭文西一跃成为闻名世界的神童天才画家。

父亲希望天才小画家的光环能持续下去，开始更严格地训练儿子画画。他要求上小学的谭文西和妹妹每天画六十幅小构图，苦练画艺。可神童也只是一个孩子，繁重的画画要求让他难以承受，于是笃信"不打不成才"的爸爸就藤条伺候，这样时间一长，谭文西对画画不仅失去了兴趣，还产生了憎恶。随之而来的青春期，谭文西开始出现叛逆，离家出走，旷课打架，排斥父亲。他画的画不再像小时候那样令人惊艳，外界质疑声不断，他也开始自我否定，就这样消沉了。直到重新被老师鼓励后他决定考美院，却因文化课不好，花了四年时间才考进一所美院。可惜刚大一，谭文西就遭遇了一场车祸，造成左半身粉碎，再也没有了健全的手和脚。现在的他在家乡开了一间小画室，指导慕名而来的学生画画，过着平静亦不宽裕的生活。他对记者说："不想教自己的儿女画画了。"

太多的例子，多少充满灵气和天赋的孩子，被虎爸虎妈的高压逼到眼里永远没有了光。分数重要还是孩子快乐重要？出名重要还是孩子快乐重要？赢重要还是孩子快乐重要？家长的面子重要还是孩子快乐重要？当我们想当然地说出"为你好"之前，请反复问自己这几句话。

不以为然的家长觉得现在苦一苦，"等拿到证书就好了""等考上大学就好了""等大学毕业就好了""没有白走的路"。不会的，被逼迫着做的事，等到达成那个微不足道的短期目标后并且没人再逼他的时候，他再也不会主动去做。路是没白走，弯路也是路，而那些为此吃的无谓的苦，因为没有一个健康的童年打底，也确确实实就白吃了。

孩子一定要有爱好，维持爱好的方法就是把它当"消遣"。和朋友打乒乓球你会觉得很放松，所以你喜欢打乒乓球，但如果命令你必须在一年之内拿下全市乒乓球比赛冠军，你就很难继续喜欢打乒乓球了。家长秉承"无为而治"的态度，孩子的自驱力会自然显现。举个例子，Hima在一个舞蹈班跳了两年芭蕾舞，老师很温和，氛围很轻松，但我觉得她可能没多少舞蹈天赋，和所有家长"学不出什么名堂来不如就停了"的想法一样，建议她明年别跳了。没想到Hima很生气，她跟我讲了一番道理："我知道自己跳得不怎么样，可是我就是喜欢每星期来上舞蹈课，跳舞让我感觉很放松。学跳舞

《我的芭蕾舞演出》　Hima 5岁

《领舞的我》　Hima 5岁

就必须跳成舞蹈家吗？你老去健身房也没减肥成功呀，怎么还总续卡呢？"我觉得她说得非常好，谁说爱好就非得做出点成绩来呢？我就是单纯喜欢，这就够了！

　　画画也好，舞蹈也好，我们不要忘了给孩子培养课外兴趣的初衷是什么：是让孩子在有压力的时候能够放松解压；是在寂寞无聊的时候有个好玩的事做；是增加生活中的趣味，而不是负担。

让孩子做一个"普通又自信"的人

随着学历通胀，"卷"成了这几年教育界的一个热词。卷成绩、卷运动、卷特长，家长们火眼金睛地盯着各种教育风向，孩子们被卷得头晕眼花。

我们的问题是"既要又要还要"。既要在疯狂内卷的班级里分数不落人后，又要全面发展样样出色；既要在打压式教育下服服帖帖，还期望你成为一个自信阳光的少年；既要遵从一切规矩，又要求你充满创意；既要让你吃苦，还要逼你快乐。

这也太矛盾了吧？试问这些要求，你身为一个大人能同时做到吗？

做自己，不需要以优秀为前提

那就谈谈自信吧。一个人有没有自信区别真的很大，没有自信的人，人生中会很难抓住机遇，在感情上也容易遭遇控制和背叛。我们希望孩子能够自信，可怎样培养出自信的孩子呢？

长久以来有个误区是"成功的人才有资格自信"，平凡人的自信被嘲为"迷之自信"。但是茫茫人海，成功的人能占百分之几？不漂亮、不聪明、不富有、没有任何亮点的人就没有资格自信了吗？我们大多数人就是这样普通的成年人，而我们的孩子大部分也是普通的小孩，他们未来也会成为一个个普通的人。我们应该让孩子们明白，他们完全可以做一个普通而自信的人，不需要以优秀为前提。

什么是自信？自信就是"你不看好我？没关系，我不在乎你怎么评价我，我了解自己就行了。你的疑虑丝毫不能影响我"。自信就是大步流星朝前走，昂首阔步在他人的指指点点中穿行而过，坚定地沿着自己想走的那条路直至到达终点。

一个人的自信就是即使此刻脱去你身上的全部装饰、衣物，拿掉你所有的头衔、身份，你还是镇定自若，不会惊慌失措，因为你知道自己的信心完全不依赖于身外之物的加持。一袭华服之下的你，是你，一身赤裸的你，还是你。你的价值仅仅是你本人，而非那身罗衣。

如果我们每天敲打着孩子，指出孩子这儿还不够好，那儿还要改正，先来复盘一下上次考试的失误，再总结一下目前存在的问题，末了还要叮嘱一声："虽然某某课得分还不错，但是只能说明运气好，千万不可骄傲。"这样做，任何人投胎到你家也自信不起来。

好孩子都是夸出来的，热情的鼓励比冰冷的打击更能让人进步。平凡的孩子更应该在父母的帮助下认识到：我，独一无二，我有自己的闪光点，我的价值不因他人的评价而受影响。

胖女孩也有春天

我每周三会固定路过一个舞蹈班，每次都能看见一个胖乎乎的小女孩穿着练功服欢乐地跳舞。小女孩很胖，她夹在身边一群细胳膊细腿的瘦女孩中间，格外显眼。这让我想起了自己小时候，社会上才艺培训班还不太多，想学跳舞只能去少年宫报名。那时候不是交钱就能上课，老师要选才。弹钢琴要看手，手小的不要；跳舞要量腿长，看头身比，天生的条件不达标，就没有机会学。如果一个胖女孩想跳舞，不知道会遭到从老师到同学多少嘲笑和打击。所以真的很庆幸我们今天处在一个充满选择的自由商业时代，喜欢跳舞的胖女孩能够如愿以偿穿上舞蹈裙，在练功房旋转跳跃。我见过无数阳光、漂亮的孩子，这个女孩昂首挺胸出现在舞蹈班的样子令我印象特别深刻，那种对舞蹈的热爱和心底散发出的自信在这个女孩身上形成了强大的气场，这种气场足以让人忽略她的身材。我相信她的父母一定给足了她鼓励和信心，这份底气能抵御女孩可能遇见的一切恶意和偏见，这就是我想给予孩子的。

第三章

留白的重要性

留白，是中国画中的一种创作手法，为使整个作品更加和谐，有意留下相应的空白，可以给人想象的空间。如果把画面塞得满满的，就失去了作品的气韵。

所有的艺术都诞生于人类的闲暇时光。譬如某一天，一位画家看见夕阳西下时波光粼粼的湖面，被这一刻的光影打动而画下的场景，于是有了一幅震撼人心的作品。这幅画可能是克劳德·莫奈的《圣乔治马焦雷的黄昏》，可能是阿尔伯特·比尔施塔特的《落基山脉的落日余晖》。

《等待太阳下山的女孩》　Hima 7 岁

◢◢ 孩子的处境

满满的日程和无法喘息的孩子

亚里士多德说："所有行动的第一个原则就是闲暇。工作与闲暇两者都是需要的，但闲暇更优于工作，而且是工作的目的。"

艺术作品的观察、体会与创作，通常是在不受限制的时间范围里完成。职业画家会每天勤奋地练习，但一定不能给自己设KPI，不能强制自己精准设定每天完成多少量。如果练习运动项目，可以规定每天跑多少米，练几小时；如果是学英语做数学，也可以有明确的习题数量指标，但艺术创作不能。

学龄孩子们的时间变得非常紧张，高强度的上学加密集的课后兴趣班再加作业，孩子几乎没有了本该有的闲暇时间。经常看到一些家长分享孩子的作息安排，从早上6：30起床，4、5点放学后，先参加课后班、补习班、练钢琴小提琴，再写校内作业，抽空吃晚饭，接着上个英语网课，做家长布置的练习册，阅读打卡，背古诗拍视频，完成手抄报，一眨眼就到睡觉时间了。每一个晚上都过得紧锣密鼓，每一个时段都像接力冲刺。哪怕听起来最轻松的"课外阅读"也不能看入迷了，只能看个20分钟，不能耽误接下来的环节。背单词10分钟、上网课30分钟、做习题40分钟、吃水果5分钟，孩子的时间被精确地分割成一块一块，

《疯狂转转转》 Hima 6岁

一片一片。可以说，这些被称赞为"高效小学生""时间管理大师"的作息表里的孩子，过着一种违反人类自然规律的生活，一个儿童的夜晚，完全没有留白的时间，后果是非常可怕的。

透支童年的危害

为什么"留白"很重要？教育家陶行知说过要解放孩子的头脑、双手、双脚、空间、时间，使孩子充分得到自由的生活，从自由的生活中得到真正的教育。

儿童成长的自然法则里，童年是由学习和游戏组成的，游戏的占比应和学习时间持平，其中包括有成年人设计好的游戏（如儿童乐园、趣味活动、娱乐性质的户外游戏等）和自主游戏的闲暇时间（如找同伴玩耍、自己玩玩具、玩洋娃娃、搭乐高，以及纯发呆等）。其中自主游戏的闲暇时间是重中之重，不可省略。孩子决定这一段时间里自己玩什么，怎么玩，这个过程不仅给予孩子最大的自主权，而且能锻炼他们全方位的能力。比如找小伙伴玩，他们需要自己设计游戏规则，协商游戏环节，出现了矛盾和意外还要自己调解和判决，爸爸妈妈催回家的时候还要迅速想出拖延时间的理由。

又比如自己一个人坐在心爱的玩具堆里，拿出小汽车、飞机、奥特曼，念念有词地玩自己幻想出的战斗场景；把所有的盲盒和毛绒娃娃摆出来演戏；甚至什么玩具都不拿，傻傻地趴在窗户边往天上看，小脑瓜里却在天马行空，没有停歇。短短的一会儿时间里，他的心在怦怦跳，他的大脑在高速运转，他的多巴胺在大量分泌，他的全身心都在与兴奋紧紧拥抱，快感体验达到了巅峰。这种愉悦让孩子得到最大的成就感，也令接下来的学习或休息更有效率。

遗憾的是，现在的孩子连下楼玩耍的时间都变得极其有限，学龄孩子想约邻居小朋友玩很难约到，因为每个小孩的时间都被排得满满当当。即便回到家中自己想玩一会儿，也会被视为"浪费时间"。卢梭说过儿童教育中最重要的原则就是要浪费时间，误用光阴比虚掷光阴损失更大，教育错了的儿童比未受教育的儿童离智慧更远。

请家长先设身处地地代入孩子的身份想一想：如果你早上6点起床，去公司上了一整天的班，下班回来还要去另外一家公司兼职1.5小时，回到家继续做公司带回来的加班文件，还没忙完就到了睡觉时间。这样的日复一日你觉得恐怖吗？你是不是也想下班后约朋友娱乐一下？聊聊天、打打球、散散步，或者回家看会儿书、刷刷剧、玩玩游戏。一张一弛才是人类的节奏，全天紧绷是机器的节奏。

孩子在被安排得满满的日程里度过，会造成两个危害：一是完全丧失自主规划的能力。等有一天家长不给他安排日程了，他就不知道该干什么了。最显著的例子就是孩子一路被填鸭式教育后终于考上大学了，到了大学里没有了爸爸妈妈每日的详细安排，孩子自由了，但是也茫然了，逃课、整日打游戏，他们选择用疯狂的放纵来报复失去自由的童年。

二是儿童的天性长期被压制。孩子长期得不到修复情绪的自由时间，于是，积压的负面感受从青少年时候开始爆发，出现心理疾病，严重的或出现自杀倾向。这就是医院精神科里那些少年为什么能说出"活着没意思"这类的话。童年这样度过，能感受到生活有意思吗？

童年"没有玩够""缺少自由时间"埋下的隐患是长久以后才会显现的，等家长发现的时候，已经是一辈子都难以弥补的巨大遗憾。希望做父母的都能及早知道这一点，把孩子的自由时间还给孩子。

一本写美育的书，我为何要强调"留白"？

因为发现"美"，感受"美"，需要时间；品味"美"，创造"美"，也需要时间。孩子浸润艺术的过程，应该是从容、悠闲的。匆忙的赶场，急促的填鸭，一定种不出美的萌芽。

重视艺术和给孩子报了三五个艺术培训班是两回事，"闲

《监狱》　Hima 5岁

来无事"才能"有感而发"，创造力就是自己玩着玩着产生的灵感，创造力很难在忙碌的赶场中产生。

Hima上小学以后变得很忙，开始每天有作业，另外还参加了学校游泳队，每周有了很多训练任务，还要保证每天十个小时的睡眠。即使这样，我还是一定要给她每天半小时以上完全自由的时间，她会去做自己想做的事，玩些只有自己明白的游戏，画自己想画的故事书，或者涂鸦和剪纸。为了确保这段自由时间不被占用，我可以砍掉她的所有兴趣班，可以不给她布置额外的习题。这些完全属于自己的"留白"时间让她彻底放松，让她完全治愈，让她每天带着满足入睡。

教育永远是细水长流，百年树人，一切速成的东西都与教育的本质相悖，艺术教育更是如此。无论想培养一个什么样的孩子，首先要让孩子成为一个身心健康的人。

留白不空，留白不白，以无胜有，以少胜多。其实，所有艺术中的道理也适用于成人的处世哲学。

画画没有第一名

接下来说说画画比赛。美术是很主观的，一百个评委有一百个评委的喜好，没有一个最公正的评判标准。毕加索的画，拿到今天随便一个中国儿童绘画比赛中，可能连一个纪念奖都拿不到。梵高的《向日葵》和莫奈的《睡莲》谁更好？张大千的《荷花图》和齐白石的《群虾图》谁应该得第一名？无从评起。在A儿童比赛里没获奖的画，很可能到了B比赛就是一等奖。不能以比赛结果去判定孩子的绘画水平。

另外要注意，画画比赛是投递成品参赛，和乐器、舞蹈这种现场展示的性质又不同。画画比赛作弊的空间很大，机构老师大幅度参与、爸爸妈妈手把手帮忙，甚至有专门的代画"枪手"。观摩过一些儿童绘画比赛的获奖作品集，有一些画风和细节很明显不是标注的作者年龄该有的样子，如果是专业严谨的评委又怎么会看不出来？再次说明此类比赛的结果不能证明孩子的实力。

在国内很多的少儿绘画比赛中，但凡冠以"儿童画"，能获奖的通常是把画面画得满满的，色彩用得多多的，充满明亮向上的正能量，符合成人心目中的"儿童画"标准。如果你需要在儿童绘画比赛里获奖，那你就交一幅这样的画。但是那种画在我看来，它是扮演出来的儿童的画，只能算一份精美的手抄报。

绘画比赛还往往会设立一个主题，要求参赛者围绕这个主题

《合唱》 Hima 6岁

去交作品。这也是难以出好作品的问题所在。一切创作都是因为"我有话要说"，创作者自发地想表达一种情感，所以才有一幅情真意切的画。一旦让创作者扣主题，创作就很勉强。命题作文很难流芳百世，献礼式的文艺作品也鲜有长久不衰的佳作，更何况天真烂漫的儿童创作者。

　　但我并不反对孩子参加比赛，尤其是刚刚开始画画的低龄孩子，参加比赛大小都能得个奖，闪闪的奖牌证书一拿，这对孩子是极大的鼓励，也会对画画更有信心。一般来说，越是权威的比赛越不收报名费，首选此类比赛；大部分比赛是收费的，这种参加基本都有奖，参加一次足矣；还有的比赛是免费参赛，但通知你获奖后要收奖杯画册的费用，只要价格不高，买个纪念还是值得的。报名费太贵的就算了，那都是看准了父母望子成龙的心理。

　　最重要的是，别把结果当回事。**只有作品能证明你会画画，证书不会。**

◀❚❚ 该不该报画画班?

要不要报画画班?

孩子对画画感兴趣,要不要报个画画班呢?你家Hima没上画画班,是因为上画画班不好吗?这是家长经常问我的问题。先来看看大师的观点。

著名油画艺术家、原中央美术学院院长靳尚谊在被问到会不会教自己孙子画画时回答道:"小孩子画画是一种天性,是不能'教'的。我的孙子从4岁开始自己想要画画,但是我从来没教过他,我就让他随心所欲地乱画,这是一种释放他对这个社会感受的方式。"太早教小朋友一些美术原理,肯定是违背儿童美育规律的。

鸟居昭美在《培养孩子从画画开始》里郑重地说过9岁以前不要给孩子报绘画班,除非是可以培养孩子自由想象力的绘画班,或者选择能够保证让孩子和小朋友一起玩绘画游戏的绘画班。如果有个绘画班重视孩子的自然发展规律,为孩子提供伙伴、用具和材料,并且对以孩子为主体的绘画活动只是在旁边欣喜地关注的话,就是一个理想的绘画班。

所以,虽然市面上的画画班存在良莠不齐的状况,但挑选到适合的画画班,还是有益于孩子美育的。

　　Hima小时候因为对环境敏感度高，过敏性哮喘易发，幼儿园阶段基本没上过兴趣班，加上那几年机构经常停课和关门，我也有时间和想法陪她画画，我们就没考虑过去画画班。

　　什么样的孩子适合送去画画班？如果家长没有时间陪着孩子画画，或者不知道该让孩子画什么，是可以去画画班的。

　　市面上的画画班有针对4至8岁的创意美术，有针对9岁以上孩子的素描、造型基础，还有针对高中生考学需求的培训班。同类型机构里有大型连锁的，也有独立小画室。那我们该如何选择机构呢？

画画班该怎么挑？

　　首先，初为父母，对任何培训班的销售话术一定要有甄别能力，为了卖课，有的销售什么天花乱坠的话都敢说，把机构描绘得无所不能，把竞争对手贬得一无是处，把你的孩子夸得天上有地下无，再顺带给你传递一波教育焦虑。教培机构生存不易，我们应该理解，但是这样的机构一定要理智避开。

　　其次，你得知道**低龄孩子去画画班，不是去"学"的，是去"画"的**。老师不应该手把手地教步骤，教技法，而是起到引导的作用，辅助孩子把想表达的东西画出来。如果只是教123步骤，网上有很多教程都可以跟着看，怎样画房子，怎样画云，照着一步步做就画出来了。小孩子不能这么教，这么教就把一个鲜活的灵魂给禁锢了。

　　因此，好的机构老师做的事是调动孩子的五感，唤起孩子的想象，最终创造出属于这个孩子自己的作品。简而言之，就是你能看到同一个主题，同一节课，每一个孩子画得都不一样，绝不雷同，这就是家好机构。

印刷厂一样的画画班不是好的画画班。每周一节课，孩子送进去，带一幅精美的作品回来，家长开心发个朋友圈，殊不知每个小朋友带回家的画都是大同小异的，这样去上画画班，等于每周进一次印刷厂。

很多家长说，孩子在机构上完课，带回来的是一幅完整又惊艳的作品，怎么在家自己画的就乱糟糟？你要仔细观察一下孩子在机构画的和在家里画的差距，如果非常大，那就存在老师过度参与之嫌。老师直接给了范画，或者一开始就帮孩子打了底稿，这种机构就属于要绕开的。

另外一点，**去挑选画画机构，不必过于追求老师资历**。并非自称某某美院毕业的老师就是好的，画得好的人不一定懂教孩子。也不要以机构的规模、场地大小来判断好坏，有时候，一些小而美的小画室反而师资更稳定，爆雷风险更小，也更能为不同的孩子制定个性化的教学内容。

不建议低龄孩子学素描。世界教育心理学家霍华德·加德纳认为，过早地培养儿童的概括能力，容易让他们养成概念化的习惯，从而变得死板。儿童过早地学习素描不但没有好处，反而会害了他们。如果实在想学，至少初中以后。

不建议去离家太远的地方上课。上画画课本身是一种放松，遛着弯出小区去画画就是愉悦的。如果花很长的通勤时间去赶场，大人孩子都会感到疲惫，连带着画画这件事都会变得不美好了。

画画班的优点

氛围。在我看来，画画班最大的也是家里不能取代的优点就是氛围。家里可能有同款的颜料和画纸，但一群人同时专心致志画画的气氛只有去画画班才能感受到。这种气氛是非常感染人的，小朋友在这样的环境里，更容易爱上画画。

表达。画画班里，当孩子完成一幅作品，老师会鼓励他当众讲解自己的画。在这个过程里，孩子能充分地说出自己的想法。画画班的听众有小朋友，有老师，和家里熟悉的对象完全不同，勇气和表达能力都能得到很好的锻炼。

展示。机构会经常把孩子的作品装裱好挂出来，放在显眼的地方供学员们欣赏。有的机构还会举办画展，在专业的画廊或公众场所展览。这对于孩子来说能大大地增强自信，更加享受画画带来的成就感。

因此，好的画画班虽然难找，但是如果找得到，还是值得上的。毕竟，还有一群人是在用心地做美育。

家是最好的画室

对孩子来说，画画最放松自在的地方还是家里。你需要为他专门打造一方天地，允许他随心所欲地创作。这里发生的和艺术有关的一切，不只是为了画一幅作品出来，而是更为了玩耍和游戏，休息和疗愈。

你需要准备以下这些：

一块不怕弄脏的地

一身不怕弄脏的衣服

一个戒断洁癖的大人

一个小桌子

一个普通木制画架（画大画时用）

一个三层置物小推车

一大块防水材料的桌布

一件反穿衣

有的孩子不敢在家画画，因为有一个酷爱整洁的妈妈，她会把家里收拾得比样板房还明亮。可是画画一定会弄脏手，弄脏衣服和家具，于是在被教训了几次以后，就不想再画画了。原本很有天赋的小火苗被默默地吹灭了，真的好可惜。

所以，家长首先要接受"画画会弄脏"这件事。其次，不要对孩子正在进行的画作抱有期待，一个正常的孩子，他不会每次

Hima画画时的一方小天地

都能交出一幅完整的作品，他可能东涂一张纸，西涂一张纸；他可能半途而废，画了一会儿却玩玩具去了，这都是可以的。这是孩子自己主导的时间，家长要做的是尽可能地少插手和容忍。

一般，画画在写作业的桌子上进行就可以，如果怕弄脏桌面，可以按桌面尺寸裁一块软玻璃，垫在上面。幼儿园的孩子还没有学习桌，就买一个轻便、结实的塑料小方桌，只要几十块，弄脏也不心疼。

孩子画画的工具很多，可以买一个三层带轮小推车放置画笔和颜料，小推车放在画画桌旁边，方便随时取用。这个也很便宜，几十块到一百块。

如果要用到颜料的话，地上铺一块防水材质的大桌布，孩子就可以尽情挥洒颜色了。整个画画的区域也不需要很大的地方，再给孩子一件反穿衣，在颜料里打滚都行。画画的时候，我一般找舒服的旧衣服给孩子穿。Hima的衣服基本每件都有洗不掉的颜料，其实，那些斑斑点点的彩色痕迹看起来还挺酷的。

就这样安顿好后，你就像孙悟空去化缘之前那样，给孩子画了一个圈儿，让他在里面想画什么就画什么，家长此时可以暂时离开了。

有人问："孩子画画，家长不需要陪吗？"有的时候需要，但这个是孩子的自由画画时间，所以让他去安排。你只需要偶尔负责一些后勤工作，在小画家召唤的时候，去帮忙挤下颜料，洗个笔，换个水之类的就行了。

孩子在小本子上画铅笔画、水彩笔画的时候，家长基本可以不管，你管得太多反而会被嫌烦而撵走。

在家画画可以是随时随地的。Hima 有时是一回到家就摊开小本子画，有时是玩着玩着忽然想到一个念头，抓起一张纸就画。她会画在画纸上，纸板箱上，塑料袋上，桌子腿上，食品包装袋上，铅笔盒上，文件袋上，课本封面上，新衣服的标签上，购物小票上……到处都留下了她挥毫的印记。作为妈妈，我太爱她这些灵光一现的小创意了，无论是寥寥数笔的线条还是色彩堆叠的尝试，都给足了我惊喜。

家里的任何角落，只要她想画，我都允许。例如家里的阳台门，本来是一扇铁门，她一直嫌丑，看了一个街头艺术的短片以

画鞋子

画包包

把一个矿泉水瓶子画成可爱的花瓶

涂鸦家里的阳台门

后，她就兴致勃勃在门上创作，用的是纽约街头艺术家喷漆涂鸦的方式，这扇铁门瞬间变得又酷又潮，顿时感觉身价百倍。

如果你的孩子在三岁至八岁，家里有一块2平方米以上的墙面，可以弄一块涂鸦墙贴。涂鸦墙贴的原理就是一块磁吸的白板贴在墙上，孩子可以在这块墙上随意涂鸦，涂画完以后可以用湿布擦除，反复使用。

等孩子大一点后，这块墙面可以打上无痕钉，用来专门挂他自己得意的作品，命名为"××美术馆"，并定期更换。这样，家不仅是孩子画画的地方，也能充分满足孩子的物权欲、占领欲和表现欲，令他体会到"画画让我为所欲为"的喜悦。

相信我，无论将来孩子做的工作是否与艺术沾边，这段在家画画的日子，一定是童年里最幸福、最能治愈一生的记忆。

第四章

不同年龄儿童画画的特点与画材的选择

孩子画画的过程就是他整个生长发育过程，如果你是一位家长或老师，你会观察到每个孩子的"艺术简史"。

以Hima学校孩子们的自画像为例，能明显看出不同年龄的孩子在画画方面有着极鲜明的特点。

幼儿园小班孩子的自画像

二年级孩子的自画像

四年级孩子的自画像　　　　　　　　　五年级孩子的自画像

　　从这些作品中能清楚地看出孩子每一个阶段画画的特点。接下来依据维克多·罗恩菲德和鸟居昭美的阶段划分，我们来详细分析从1.5岁至17岁，一个爱画画的孩子将经历的过程。

1.5～2岁 无序涂鸦期

1.5～2岁画画的特点

幼儿从1岁多开始具备了抓握
能力，从这个时候起，孩子的手能
够开始做以肘为轴心的左右往返运
动，如果给他一支笔，你可以观察
到孩子绘画的印迹多以往返的涂鸦
为主。1岁半以后，孩子的画会从
大的连续圆圈到小的连续圆圈发
展。这个阶段孩子对颜色尚未有明

Hima1岁时画出的往返线条

确的概念，但是当他发现自己能制造出线条轨迹时会十分雀跃。
这意味着孩子感受到了肌肉运动的成果，开始发现自己的小手可
以把"无"变成"有"。但由于是不受控制的涂鸦，孩子此时尚
不能完成一个期望中的图形，例如此时的宝宝试图画出一个圆
时，还没有能力把这个圆闭合。

1.5～2岁画材的选择

你需要准备很大的纸，以方便小手的无序涂鸦，太小的纸张

容易画到纸张之外，令孩子产生挫败感。

　　最理想的画具是蜡笔，可水洗的、粗杆、大头蜡笔。胖胖的蜡笔方便小手抓握；大头可以画出清晰的点点和线条，令孩子有自信心；可水洗的蜡笔涂到了衣服上也很容易清洗。一定要购买符合安全标准的正规品牌，并且孩子画画的时候，大人必须在场监护，避免孩子啃咬蜡笔。这个阶段的蜡笔只要一到两支就够了，无需给孩子购买颜色太全的套装。此阶段每次的涂鸦不会太久，涂鸦只是让孩子探索自己力量的一个途径，家长不可以拿宝宝的小手教他画线条。

　　1岁半的Hima在白板上涂鸦，此时她惊喜地发现自己的小手能画出线条，我问她："你在画什么呀？"她兴致勃勃地回答："蜜蜂。"

1岁10个月的Hima在使用蜡笔

2岁画画的特点

在这个阶段，孩子发展出用指尖捏东西的能力，这个能力说明孩子能把注意力集中起来了，也就是说孩子能够用眼睛去注视手指末端了，而在此之前，孩子的注意力是分散的。加上眼睛的功能，孩子这时能够画出有始有终的线条，也就是可以熟练地画出一个闭合的圆形了，这需要眼和手的功能协调并用，和1岁时相比，已经取得巨大的进步。

同时孩子开始能够预测和判断所画的线条走向、长短，以及方向，孩子想要"画什么"的意识开始萌芽。

2岁以后孩子开始对自己画的东西以自己对事物的印象加以解释说明，并且这些说明会不断变化。越是脑海中对各种事物有丰富印象的孩子，越是有能力把一个圆圈想象成各种各样的东西。圆圈是2岁孩子画作的重要表现符号，它开始变成太阳、人

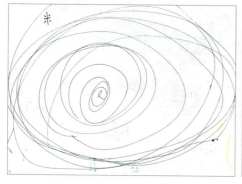

Hima2岁时画的圆圈

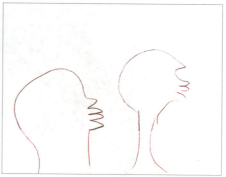

2岁的Hima试图用圆形画出人头

《生气的爸爸》　Hima 2岁2个月　　　《我和恐龙侠》　Hima 2岁

　2岁半的儿童开始有自我意识，画的主角是"我"。2岁半以后，孩子有能力给自己画出的圆圈赋予意义了。

物的头等一系列想要表现的物品。

　　在2岁2个月时，Hima画了《生气的爸爸》。这幅画完整地画出了爸爸的神态，画出了"气到晕倒""眼冒金星""龇牙咧嘴"的表情，说明这个年龄的儿童观察事物已经能注意到重点了。

2岁画材的选择

　　为孩子准备A4大小的图画本，得力或晨光的品牌就很好，便宜又好画。

　　鸟居昭美认为此时仍用单色的笔就好，然而我有不同的看法。在Hima这里，2岁开始她已经喜爱鲜艳的色彩了，并愿意在涂鸦时同时使用好几种颜色，绚丽的画面似乎令她很陶醉，因此我开始为她购买12色以上的蜡笔。4岁以下的孩子在使用蜡笔时我仍然推荐好抓握的粗杆笔。Hima 使用过的品牌有马培德丝滑旋转油画棒、美乐童年豌豆蜡笔，它们下笔都非常柔顺，粗粗胖胖的形状特别适合孩子画画的小手。

这个时候父母仍然不要限定孩子画什么，也不需要教授任何方法。

如果你想让孩子在涂鸦期画得更好，2 岁以前多让孩子爬，因为涂鸦期的儿童绘画其实就是手的运动轨迹，并不是他们思维意识的表现。让孩子多运动才能促进儿童肌肉神经的发展，促进他们手眼脑的协调，进而加速涂鸦期的过渡，尽快地画出更加精确细致的图案。因此，千万不要过早引导孩子坐立、行走，因为如果孩子没有经过爬行练习，肌肉神经就得不到充分的发育，动作控制能力也就不足，所以会影响涂鸦期的绘画表现。

3～4岁 命名涂鸦期

3～4岁画画的特点

3岁之后，孩子在动手画画之前就已经给绘画赋予意义了，而且自始至终意义不发生变化。比如孩子开始画画之前就想着要画一个太阳，而且画完之后如果妈妈说像丸子，孩子会极力争辩，坚持自己画的是太阳，也就是说孩子已经开始有意识地画画了。

根据让·皮亚杰的儿童认知发展理论，2岁后的孩子进入了前运算阶段，他们学会了说话，产生了符号思维，可以在头脑中用符号表征具体实物。3岁半以后，他们开始会玩游戏了，比如用玩偶过家家，用一排奥特曼模拟大战。他们有了基本的逻辑意识，手的动作也变得更加灵活，这些心理和生理的发展，为孩子绘画能力的进一步发展提供了坚实的基础。此时，孩子的绘画元素不再是彼此孤立的仅有象征性的意义，而是单个元

房子和人开始成为3岁儿童关注的题材

素之间有了链接，产生了故事，这正是"用来表达自我的画"的萌芽。

用极其象征性的手法表现现实生活实物，是3至4岁儿童绘画的显著特征。这个年龄阶段也被称为"表征主义时代"，这是人类独特的表现手法，具有划时代的意义，也就说这个时候孩子发展出了虚构和想象的能力。

此阶段的孩子会画出无数精彩的作品，请你一定要问他画的是什么，而不是自己解读"你画的是苹果吗？""你画的是鸟在飞吗？"

这是她第一幅完整的作品，是3岁半的Hima送给爸爸的生日礼物，名字叫《爸爸有一双神奇的手》。画面上的爸爸有一双非常大的手，因为"爸爸什么都会做，他的手很神奇"，Hima也有一双大手，因为"想要变得和爸爸一样厉害"。

3岁半至4岁时，Hima开始画动物和神奇的角色，但以自己为主的故事仍然是主要题材。

3岁6个月的时候，Hima为爸爸画的生日礼物《爸爸有一双神奇的手》

《我抢了圣诞老人的驯鹿》 Hima 3岁

3～4岁画材的选择

此年龄阶段中，图画本还是首选。比起零散的纸张，图画本有利于收集和保存孩子的作品。家长请注意，请在孩子的画上写清日期，将来这些画都是孩子宝贵的财富。由于要使用水彩笔，图画本要选择厚实的纸张。

此时的画材选择更多了，我们可以选择色彩更丰富的蜡笔和儿童油画棒，也可以选择硬头水彩笔来增加画画的体验感。马培德、辉柏嘉、绘儿乐、得力、晨光、樱花牌都有适合低龄儿童用的水彩笔和蜡笔，色彩请选择24色以上，此时的儿童需要大量尝试不同的颜色。

堆沙子

堆沙子也是这个阶段孩子艺术探究的推荐方式。无论是海边的沙滩，还是室内乐园的沙池，孩子都可以用小手和简单的工具筑造城堡。沙子的触感能更好地增强孩子的感知力，玩沙的过程令孩子有一个相对较长时间的专注期。孩子玩沙也不是一帆风顺的，他可能会遭遇建造不成功、建好的房子被意外摧毁、失去了工具等情况，因此孩子解决问题的能力也得以在玩沙中培养。

手指画

另一个推荐的画材是手指画颜料。手指画是Hima3岁至6岁超级喜爱的，我在童书展和学校作讲座时也发现，手指画是孩子们最愿意参与的项目。手指画只有一个缺点——容易把衣服和地板搞脏，却有说不完的优点——好玩、好看、自由、开发创意、富有成就感。

手指画的画法是直接用手（包括指尖、指腹、手掌、手背、手侧面）蘸取适当的颜料，在纸上进行指印、掌印、涂抹等创作绘画。这个画法最早来源于著名的意大利瑞吉欧儿童教育体系，它使宝宝的触觉、视觉等感官体验得到最大程度的发挥。手指画有以下几个优点：

1. 以鲜艳的色彩和各式的形状加强了艺术的直观表现。孩

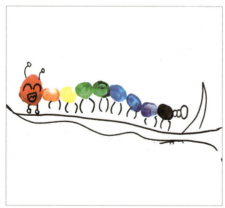

《开心的毛毛虫》手指画 Hima 3岁

《长颈鹿》手指画 Hima 3岁

子通过小手作画，很容易就能创作出一幅大师范儿的作品，简单易操作，因此，他们会受到鼓舞而更加大胆地去描绘。

2. 手指画可以充分调动孩子利用手的各个部位去完成画作，能适当地对孩子小手进行锻炼，促进认知能力和触觉的发展。

3. 以手为笔，让小手蘸着颜料在纸上进行按压、涂抹等动作，能直接拓展孩子对不同材质物体的认知和触觉体验，丰富宝宝的五感。

4. 比起使用画笔时需要控制好力度、方向等，手指画简单的操作更能让孩子充分地表达自己的创意。

我们可以用手指点点点，连成一条彩色毛毛虫；也可以用手掌沾上颜色，看看变成了什么动物？

手指印印画

先请孩子按一个手指试一试，以按指纹的形式，看看出来的是什么样子？用指尖按和指肚按效果有什么不一样？如果在指印上添上几笔，加个胡子，加个帽子，加两条腿，会不会出来各种各样的人物呢？

这些手指画的玩法是不是非常简单易行？手指画还有无数种玩法，当你购买手指画颜料的时候，通常会有配套的教程，不用担心不会玩。相比线条，颜色对幼儿的影响更强烈。Hima的首次个人画展中的主题图《热带雨林》就是她4岁半时的手指画，受到很多现场观众、画家和艺术评论人的喜爱。

这幅画的创作缘由是因为家里买了一个大件电器，拆箱后有了一个一米五长的大瓦楞纸板，挺干净的，准备扔掉的时候觉得可以让孩子当个画板，在上面随便涂涂画画，于是就留下来丢给了Hima。

《四十九个小精灵》手指画　Hima 7 岁

　　Hima看到这块巨大的"画板"一下子有了创作冲动，她倒出所有的手指画颜料，先用了粉色铺满整个画板；接着用褐色、蓝色、绿色抹出一道一道的"树木"；然后将绿色、黄色、红色等不规则地从上方倾泻下来，形成瀑布一样的光线；最后又用剩下的颜色随意地泼洒在画面上，形成光晕一样的圆圈和阳光下的倒影。一顿涂涂抹抹之后，纸板上的画面就变成了她想象中的热带雨林。这幅画的效果出乎所有人的意料，以至于后来办画展的时候，被策展人Viva选为展览宣传画。

　　是的，它本身只是一块快递盒的纸板箱，但是经由孩子无拘无束的创意之后，就成了一幅闪烁着童真与自由的艺术品。画画

《热带雨林》手指画　Hima 4岁6个月

变废为宝，Hima在一块快递盒的纸板箱上创作了这幅手指画《热带雨林》。

是不受限的，任何生活中的材料都可以拿来作画，只要有想法，垃圾也能变废为宝。

拓印画

准备材料：白菜叶一片、绿色颜料、画笔、水粉纸。

将白菜背面均匀刷上绿色颜料，再将其拓印在纸上，一幅大作就出现啦。

白菜拓印画即将完工

其他适合低龄宝宝的色彩小游戏

蹦蹦跳跳玩颜色

家里买的东西拆包装的时候经常会有气泡膜，将这些气泡膜留下和孩子做游戏。找一块废弃的纸板或报纸垫在地上以防弄脏地板，在纸板上面放几张大大的白纸，让孩子随意挑选几处挤上手指画颜料，然后把气泡膜铺上去，孩子在上面蹦蹦跳跳。孩子非常喜欢踩爆一个一个气泡的声音和感觉，等全部气泡踩爆后，下来小心地揭开气泡膜，看看小艺术家踩出了一幅怎样的色彩大作。

彩虹雨

爸爸的剃须膏也能玩！这是用剃须泡沫完成的小游戏，既是

神奇的"彩虹雨"现象

色彩游戏，又是科学实验。

准备材料：剃须泡沫、食用色素、玻璃杯。

在杯子里放入水，表面喷上剃须泡沫，在泡沫中滴上食用色素。剃须泡沫作为云，而食用色素是雨，看着颜色穿过"云层"滴入水中，就像彩虹雨一般，漂亮极了！

这个实验与密度有关，因为剃须泡沫由大量小气泡组成，密度小于水，所以是浮在上面的，跟木头密度小于水而浮在水面上是一个原理。滴入色素后，色素迅速渗过泡沫到达水面。色素的密度比水大，所以当色素到水面时，就能以较快速度向水中扩散，形成"彩虹雨"的现象。

色彩大爆炸

这是Hima在幼儿园里做的游戏，方法是在几个气球里灌上颜料，充满气，固定在画纸表面，然后让孩子戳破气球，色彩会喷溅出来，形成一幅意想不到的抽象画。

《围攻蓝色甲虫的虫虫军团》 Hima 4岁

▌▌ 4～5岁 图式期和罗列期

4～5岁画画的特点

孩子会凭着自己的印象画画，他们通过画把自己的想法、认知、感受表达出来。这个时期，孩子对人的认知从"头部人像"逐渐到"头足人像"，知道了人除了头之外还有两只脚，这是这个年龄段的孩子对人类的主观感受。4岁半至5岁，孩子对人的认知会进一步发展，画出"头体二足"和"头体二足二手"人像，也就是儿童画的"火柴人"。到5岁以后，他们会画出穿着衣服的火柴人，这是孩子思维认知不断发展的结果。

这个阶段，孩子能画更多东西了，他们会积极地把能画的东西全部画出来，画面往往丰富多样，但看起来杂乱无章，我们把这种方式称作"罗列表达"。这个时候的孩子发展出了简单分类的能力，比如用线框区分家里、家外，尚未发展出归纳、整理画面的能力。另外，这个时候孩子绘画的另一个特征就是在同一幅画面中会表达时间的流逝，比如在同一幅画面中表达自己一周内发生的活动，把周一发生的有趣的事和周日发生的有趣的事同时画在一张纸上，这种表达方式叫作"同存表达"。

孩子到了5岁左右已渐渐明白了各种事物各自具有的特征和这些事物之间的关系。因此，他们不会再像4岁或之前年龄的孩子画的头足人像那样直接从脑袋上画出手来，而且他们还明白了画中的人物是要穿衣服的。

　　5岁以后的孩子的绘画不再按照自己看到的画，而是按照自己认识到的并且是感兴趣和关心的事物来画画。一幅画中，你会看到他将自己关心和在意的东西画得格外大，他知道了房子、汽车等物体都可以用几何造型来呈现。在色彩上，这一阶段的儿童对颜色的认识已日趋精细和完善，他们学会了按照物体的固有色来着色。

　　孩子在5岁半以后开始对事物之间的关系逐渐有了兴趣，并试图用绘画来表达这些关系，最为明显的特征是孩子在画中开始使用基底线，这是孩子从4岁的目录式罗列过渡到以基底线为基础的二维平面世界。这段时期欣赏孩子的作品时最好的方法就是听听孩子讲述画里的各种关系。在孩子2岁至4岁时我们只要问"这是什么？"就够了，而到了5岁时，我们应该多问问画里的各种故事情节，并在生活中尽量让孩子多参加能丰富想象力的活动。

　　这个时期的孩子最喜欢在幻想世界中做角色扮演的游戏，这也是孩子发展想象力的重要阶段。能把对故事的印象画成一幅画也是5岁孩子的重要特征之一。所以，作为家长要给孩子多提供丰富的故事和绘本。

《张桂梅老师》 Hima 5岁

《洗澡要打沐浴露》 Hima 5岁　　《如何正确吹头发》 Hima 5岁　　《挑什么衣服好呢？》 Hima 5岁

　　这一组图是Hima展示一个人是怎么洗澡、吹头发和穿衣服的，人物的动作已经有了清晰的表达。

　　切勿让孩子照着一样东西来画画，也不要总是提醒孩子应该怎样画，这样会让孩子的画失去自由。更不能亲自示范："你看，太阳是红色的，树是棕色的，叶子是绿色的。"请忍住想要脱口而出的那些定式思维，你只需要静静地观赏孩子的画画过程。

《滑梯》蜡笔画 Hima 4岁

《大合影》 Hima 5岁

4~5岁画材的选择

这个时候的孩子可以尝试多种多样的画材了，他可以独立画画，也可以像个大画家一样，试着在有画框的画布上创作了。因此，我建议你可以给这个阶段的孩子准备4K的素描纸、水粉纸、马克笔，以及购买几个50cm×50cm的正方形纯棉油画框，预备小画家的诞生。

画笔方面，此时的儿童已经能使用正常尺寸的蜡笔和水彩笔了，不需要再用粗杆的低龄笔，这意味着选择范围更大了，可以选择更多具有表现类型的画笔了。譬如软头的水彩笔、双头的酒精马克笔、颜色更浓郁的丙烯马克笔、成人用的重彩油画棒，以及水粉颜料和丙烯颜料。这时在没有指导老师的情况下，我不建议用水彩，因为水彩还需要比较多的技法，太小的孩子难以掌握。

水粉画是初学色彩的孩子最适合的，色彩鲜明的水粉在众多色彩绘画工具中最突出的特点就是容易调和，孩子们能轻易地调出千百种色彩，而且水粉也不需要使用过于复杂的技法，比较容易表现。厚涂时具有油画一样的覆盖性及较强的附着性，薄铺时又似水彩般流畅与滋润。在绘画过程中和绘画完成之后，水粉也比较容易清洗收拾。选择水粉对于初学色彩的孩子们来说，再适合不过了。

马克笔中常用的有酒精马克笔和丙烯马克笔两种类型。酒精马克笔有速干、防水、易叠色、色彩鲜艳且不易变色的特点，是入门首选。但是，酒精马克笔会有一点点酒精味，记得在使用的时候保持通风，用完要盖紧笔盖，远离火源。丙烯马克笔的覆盖力强，有很好的防水效果，颜色厚重有张力，可以在任何不吸水的物体表面进行绘画，比如布料、玻璃、墙壁等，用途很广。

马克笔的入门品牌有得力、Touch mark、斯塔、阿泰诗等，这些品牌的马克笔最适合给孩子用，性价比也很高；专业人士用的品牌有法卡勒、温莎牛顿、POSCA、COPIC。

丙烯颜料有蒙玛特、贝碧欧、丽唯特、马利牌等，都属于实惠好用的类型。蒙玛特最好的一点是它家有方便按压的1L大瓶装，更适合儿童取用，也是很多美术画室的首选。

后来我也给Hima买过专业画家使用的温莎牛顿艺术家系列丙烯颜料和高登的丙烯颜料，价格昂贵，用起来有点心疼，但质地浓稠、颜色纯正，也是一分价钱一分货了。至于平时的练习创作，平价颜料绝对够用了。

剪纸

剪纸也是孩子在这个阶段最爱玩的手工，请购买儿童专用的剪刀，它有不容易戳伤小手的圆角。剪纸用的材料就是各种颜色的彩纸，我们也可以将生活中的废物利用起来，比如网购商品的包装纸，零食的纸盒，街上发的广告传单，都是剪纸的好材料。不用照着说明书剪规定的形象，兔子是什么样，太阳是什么形状，全部交给孩子自己创造。剪下来的图形，在一张大纸上拼贴起来，再加几笔颜色，就又是一幅颜色绚丽的艺术作品啦！

橡皮泥

橡皮泥和黏土的加入使孩子开始尝试立体造型。没有小孩不喜欢玩橡皮泥，橡皮泥是方便且平价的玩具，基本的手法有搓、捏、压、团、印、切等，能在玩耍中锻炼手部的肌肉力量，增加触觉的刺激，对大脑开发也有益处。捏橡皮泥的过程令孩子开始懂得三维与二维的不同，孩子会思考塑造一个完整的物体需要怎样的结构和支撑，他们的空间感被启发，创造力更是在挑战中得到进阶。

Hima在美术馆看过雕塑后，对捏橡皮泥这件事更有兴趣了，她也想用橡皮泥捏出《断臂的维纳斯》与《大卫》那样的雕塑。我经常在旅行时带上小包装的橡皮泥，孩子在飞机上、餐厅里、公共场合等候时拿出来玩，是消磨碎片时间的利器。甚至有时候我单身出行时也会带上橡皮泥，在机场、火车上看见烦躁、哭闹的小孩，我会送给孩子一包，孩子瞬间就能安静下来。

橡皮泥的选择一定要安全无毒，确保通过相关认证，没有硼的成分。卡乐优、美乐童年、得力、晨光、弥鹿、培乐多都是比较好的品牌。

学龄前阶段的教育奠定了一个人品格的百分之八十。鸟居昭美认为，品格的形成伴随着情感能力的成熟是在学龄前阶段完成的。因此，作为能够建造幼儿情感教育的艺术教育对孩子的成长有着极大的意义。

在Hima的成长过程中，5岁是一个创作井喷期，因为那时她还没有上小学，幼儿园期间我们也没有给她报任何兴趣班，她有非常足够的闲暇时间，这些时间被她用于画画，她想画什么都可以，我也陪伴她去尝试各种材质和风格的绘画。她画了大量的画，从小画画本上的涂鸦到大画布上的创作，到了她上小学以后，再也没有如此多的空闲时间画画了。经我与其他爱画画的孩子家长交流，发现他们的"高产期"也是在上学前的5岁至6岁。因此，我强烈建议珍惜上小学前的这一年，无论是画画，还是其他兴趣爱好（我指孩子自己真正的兴趣而非兴趣班），都要好好利用这段时间。尤其是画画，说句残酷却真实的话：孩子的画不会越来越惊艳，

《年轮》黏土画　Hima 4岁

《宝宝浇花》黏土画　Hima 5岁

只会越来越平庸。当他接受越多社会上的规训，他画作里的天马行空就会越来越少，他的笔触和线条会越来越成熟，不拘一格的想法会越来越少。因此，在孩子还小的时候，尽可能地鼓励他画画，自由地画，把珍贵的童年灵感留存下来。过了这个阶段，时间永远不会重来，我为6岁的Hima办画展，也是基于这个感受。

《开心伤心相对论》小稿及作品 Hima 5岁

　　开心的时候，看什么都是开心的，哪怕眼前一无所有；伤心的时候，看什么都是伤心的，哪怕眼前有美女和风景。

《孤独的人骑马去月球》 Hima 5岁　　　　　　《情绪小怪兽》 Hima 5岁

　　当一个人在地球上找不到朋友，他就决定骑着
马到月亮上去找朋友。

5岁的Hima已经画了很多大尺寸的画了

6～8岁　感觉的写实阶段

6～8岁画画的特点

6岁的孩子开始有了将事物抽象化和图案化的能力，这也是书面语言和文字的基础发展。孩子能将听到的故事画出来，还会使用"透视画法"，能把房子内部或盒子里面看不到的东西画出来。

6岁的孩子可以熟练地利用基底线建立事物的秩序，基底线包括水面线、地面线、山的轮廓线、道路两旁的线、房子中一层和二层之间的线、房间的四方线、水池的圆形线、船的四方线、床或者被子的四方线、操场的四方线等。通过这些基底线，孩子就能把画面归类、区分、整理，从而建立秩序美。

对于6岁孩子的画，家长并不要抱有很高的期待。孩子也许已经有了历史性的突破，但是还并不能在画作上体现得多么一鸣惊人。本质上6岁至9岁，孩子的画仍然应该呈现出一个孩子天真的状态，如果画风突然变得成熟老练，那才是要引起注意了。

6岁以后孩子成为小学生，逐渐走向社会化。他们会在学校学习规则并和同学建立关系，会对社会有所认识，开始分别从正面、侧面、背面三个角度来画人物肖像了，接着就在8岁左右开

《风景五则》Hima 6岁

始画有动作的人物肖像。这个时期孩子的画不再那么抽象，开始逐渐从主观向客观过度，所以是"一看就能懂"的画了。这个时期的孩子不一定像幼儿时期愿意兴奋地解释和讲述了，那么成年人要去自己体会作者的心情，谦虚地欣赏孩子的作品。同时，家长希望了解孩子在学校里的情况，孩子的画就是一个重要的渠道。家长一定要热情地鼓励孩子去画，并耐心聆听这些画背后的故事。

对于有画画天赋的儿童来说，上小学这一年是一道艰难且关键

《图书馆里的咖啡店》 Hima 7岁

我们经常去的书店和图书馆也成了Hima的灵感来源。

的分水岭。许多未来的"毕加索"从这一年开始便熄灭了画画上的灵光，转而投向刻板刷题与烦琐规矩的海洋中。然而，画画是一种什么样的爱好？好的画作必然诞生于自由散漫、随心所欲、不受约束的时间状态之下，符合各种条条框框的产品只能叫手抄报，永远不可能是艺术。

以兴趣班为例，基本上在一年级和三年级是家长砍掉孩子兴趣班的年级，往往第一个被砍掉的就是孩子的创意美术课，要么被认为"孩子没画画天赋，不再浪费钱了"，要么是"学习任务重了，要把时间放在语数外上"，又或是"小孩画画班不教基本功，耽误孩子前途，退了去学素描，要学就学个能考级的画画班"。总之，不具备功利意义的画画要为繁重的课业让步了。但是，孩子即将迎来学业压力的阶段，更要预备一道能够纾解压力的出口，有一个不求结果、不问输赢、不被比较的兴趣爱好，那么画画无疑是世界上最棒的一扇窗。以考级为目标的弹钢琴不可能让孩子解压，每天限时打卡的名著阅读不可能让孩子解压，艺考集训班也不可能让孩子解压，只有随手涂涂画画才是真正能够让人忘却烦恼的方式。所以，请在孩子上小学以后尽力给他们保留一点画画的时间和空间。从实用的角度来看，这个时期的孩子刚刚开始在学校里被要求具备合格的书写能力，而画画作为控笔能力的训练，对孩子们书写能力的提高也是大有益处的。

Hima7岁时，她的画作表现手法变得细腻，各种元素的主次在画面上也很分明，能处理复杂的布局和构图。以下这二幅画形象繁多、细节满满，7岁的孩子已经能像指挥交响乐团一样组织自己的大画了。

《海底狂欢节》　Hima 7岁

　　失恋的美人鱼回到海里，所有的海洋动物为了让她开心，举办了一个盛大的派对。章鱼又指挥又打鼓，海星在弹钢琴，海豹在拉大提琴，鲸鱼张开嘴巴提供观众席。小美人鱼站上舞台唱出优美的歌声，她终于找回了自己，再也不想王子了。

《摇滚森林》　Hima 7岁

　　森林里的摇滚音乐会。猩猩担任主唱，狐狸当键盘手，蛇竟然当了鼓手，火烈鸟和大象翩翩起舞，狮子坐在宝座上与森林公民们一起欣赏演出。

6～8岁画材的选择

在这个阶段，线描画可以帮助孩子从随意性的儿童绘画过渡到客观描绘周边世界。线描是运用线的轻重、浓淡、粗细、虚实、长短等笔法表现物象的体积、形态、质感、量感、运动感的一种方法，以线为最基本的表现手法。线描画不仅可以塑造形象，传达感情，还可以全方位地培养孩子的观察力、想象力、创造力和表现力。

孩子到了7岁这个年龄段就可以有意识的在绘画方面进行一些引导，引导孩子对感兴趣的事物的观察力，引导孩子多思考，并结合丰富的手工、娱乐活动，以及大量的优秀读物，拓展孩子的眼界，提升孩子的审美能力。同时，家长要尽量为孩子提供多种绘画用具和绘画方式的体验。

7岁以后孩子可以使用更细更硬的画笔了，以便他们能更清晰地表现具体的事物。双头马克笔、彩色铅笔、圆珠笔都能够更好地勾勒出线条。我推荐辉柏嘉的油性彩色铅笔、斑马牌的彩色圆珠笔。

孩子年龄越大，画本的尺寸就可以变小，因为他们已经具备了将构图控制在画面以内的能力了。

《看热闹》线描画 Hima 5岁

速写

速写是孩子7岁左右可以开始的艺术训练方式。儿童的速写不等同于写生，速写是在较短时间内迅速将对象描绘下来的一种绘画形式，它可以锻炼孩子敏锐的观察能力，眼与手的协调性，绘画的概括能力等，使孩子在短时间内描绘出对象的特征，培养孩子对客观世界的感受能力。速写是一项训练综合能力的方法，坚持练习，孩子的观察能力和手眼协调能力才能不断提高，养成注意观察周围生活的良好习惯。儿童的速写不要求空间结构、人体比例等多么准确，只要孩子观察并记下来，且能表现出看到的特点，就是优秀的速写。Hima有几个小本子，平时外出都会携带，看到印象深刻的场景会速写下来，过几天某一个场景就有可能变成一幅完整的作品。速写也可以成为孩子的日记，

《布达拉宫》速写 Hima 7岁

《绿度母》速写 Hima 7岁

它简单、方便，只需要一支黑色的笔和任何纸张就可以完成。

中国画

如果想给8岁的孩子系统地研习一门绘画艺术，我会推荐中国画（以下简称"国画"）。

国画是中国的传统绘画形式，用毛笔蘸水、墨等，作画于绢或宣纸上。国画题材可分人物、山水、花鸟等，技法分具象和写意，具有简洁、概括的特点。用毛笔蘸墨，画画可小可大、可粗可细、可干可湿，可以自由描绘，可以无限变化。国画中"墨分五色"有焦、浓、重、淡、清，基于此理解，在这五色之后，结合干湿总结为"墨分六彩"，有黑、白、干、湿、浓、淡之说。用笔要将力量通过肩、肘、臂、腕、指的综合运动送到笔端，要用笔毫画出力透纸背的线来。

一直画画的孩子到了8岁，手部肌肉已逐渐发育成熟，能够较好地控制笔力。学国画前，孩子最好对线条、造型、色彩等有一点认知，国画对理解力的要求也比较高。儿童需要了解国画的传统文化背景和审美特点，如中国画的"意境""气韵"等概念，岁数太小的孩子是不理解的。

又例如国画的基本执笔方法就很复杂。五指并拢，拇指和食指捏住笔杆，中指勾住笔杆往里拉，无名指顶住笔杆往外推，小指抵住无名指。握笔的五指要有力度，手掌心处要空，就像握着一个鸡蛋，叫作"指实掌虚"。握住的笔要垂直于纸面，不要倾斜，这叫"笔如悬针"。

国画拿笔的练习堪比打太极拳，孩子迟迟不能体会到画画的快乐，反而在练习的过程中被训诫成了老气横秋的小老头小老太太，很容易因畏难而放弃。

儿童学习国画也要注意找到对的老师和适合儿童的方法。我还记得自己小时候学习国画，老师是一位恪守传统的老画家，虽然他画得非常好，但缺乏儿童教育的经验，只会用极其老派的方法教授学生，没有任何趣味，学习的过程充满了枯燥和晦涩。

现在好的国画老师有了很多适合儿童的教学方法，例如教孩子用笔墨做"点线面"游戏，让孩子用中锋和稍干的墨创造各种点和线，用侧锋和湿墨创造各种块面，加上墨的浓淡和颜色的变化，不仅让孩子认识了美术基本知识，又让他们初步掌握了笔墨技法；例如教孩子玩线条游戏，用毛笔画浓淡干湿不同的线条来进行钓鱼比赛，或用毛笔画线条走迷宫，线条画画会逐渐得心应手；又例如教孩子做以色冲墨、以墨冲色、泼墨、甩色、点色、吹色等用笔用色技法，不要求具体绘画内容，只是随意画，用毛笔沾水使水墨相溶，再用长短粗细不同的笔触产生不同的效果，孩子可以在一个个惊喜的瞬间体会到水墨的妙处。水墨画本就是飘逸灵动，和儿童的童真稚趣有相同之处。

长卷涂鸦

6岁至8岁的孩子观察得多，感受得多，画画工具也能熟练使用了，为了应对孩子喷涌的灵感，我还推荐超大的长卷涂鸦画纸。几十块钱就能买一大卷，长达几十米，铺开趴在上面画，可以随意涂鸦，画一点撕一点。孩子也可以正式在上面创作长卷，一个长卷画下来，磨炼他们的耐心、毅力和专注力，效果也十分令人惊艳。

Hima的《超级商场》，这幅画长三米六，宽一米，断断续续画了四个月。这是一个繁华的大商场，里面有儿童乐园、舞蹈培训班、餐馆（也有旺铺招租的）、酒吧、美术馆、超市、服装店、办公室和SPA。长卷中有170个人物和11只宠物，代表孩子对城市复苏寄予的期望。

《超级商场》长卷里面的"梦幻美术馆"，把Hima所知道的世界名画全部收集起来，举办了一次顶级阵容的画展。Hima再现了巴勃罗·毕加索、亨利·马蒂斯、乔治·莫兰迪、胡安·米罗、奈良美智、草间弥生等大画家的名作，展现了她的观察力和想象力。

《超级商场》长卷局部 Hima 6岁

《超级商场》长卷局部 Hima 6 岁

◢◢ 9～11岁 写实萌芽阶段

9～11岁画画的特点

这一阶段儿童的绘画开始脱离图式，转向对事物进行写实。图画中具有一定的空间感，表现出一定的透视关系，出现重叠形式，开始运用色彩来进行表现。

孩子到了9岁，他们终于开始采用和成人相同的观察方式了，画法也开始向写实的手法转变。在绘画方面，9岁是孩子迈向成人阶段的第一步，孩子的耐力和执着力也会增加，这个阶段的孩子如若遇到错误的教授方式，则会造成他们对绘画的厌烦。

这个时期的孩子可以使用任何绘画工具、多种色彩颜料，以及版画等各种绘画方式。鸟居昭美建议这个阶段尽量不要让孩子临摹或是画电视里的人物角色，但现实是，这个岁数画得好的孩子往往为展示自己的特长而更愿意去临摹一些动漫角色，以博得同龄人的赞赏。如果强行命令孩子不许临摹，反而会激起孩子的不满。所以我认为应该顺其自然，如果孩子痴迷于画奥特曼、蜘蛛侠，这并不会有什么问题。同时，家长应该多带孩子看一些艺术展览和不落俗套的原创设计，引导他们去发掘更多的绘画主题，设计自己的原创角色和形象，画自己独家的作品。

　　坚持到9岁还在画画的孩子，绘画作品一定是经常受人称赞的，在画画方面他们也一定有自己的进取心。在这个阶段，孩子往往不满足于天真可爱的画风，继而渴望画得更"真"，更成熟。9岁以后的孩子在画画时开始向写实方向转化，并且开始关心自己作品受到的评价，有时还会否定自己过去画过的画，嫌弃"太幼稚""不够好"。他们爱欣赏立体感强，明暗变化丰富，色彩真实感强的作品。

　　鸟居昭美及其他的儿童美术教育家在这个阶段呼吁老师和家长继续保护孩子的童真，不要觉得"都三年级了，再画儿童画好像耽误时间，该学素描了吧！该画得正式一点了吧"。其实，上初中之前，学素描都算为时过早，因为孩子现在的几何概念还没有清晰。事实上，如果不考专业的美术学院，永远不学素描也完全不影响孩子画画，学习素描不是必需的。那么，9岁的孩子该怎样继续画画呢?

写生

　　9岁左右的孩子可以开始写生画了。他们可以在野外或闹市支起一个架子，细心地画出眼前所见的一切了。他们懂得处理空间关系了，空间关系能够让孩子的画更有层次。这时他们需要掌握以下几点：

　　高低的空间：位置较高的物体在画面上方，位置较低的物体在画面下方。

　　前后的空间：后面的物体会被前面的物体挡住，利用有前有后的处理来表现距离感，空间层次会更分明。

远近的空间：根据人的视觉成像原理，近处看到的物体很大，远处看到的物体会很小，让画面富有对比。

近实远虚：近处的物体清晰鲜明，可以着力描绘出细节，而远处的物体会显得较为朦胧，只见轮廓和大片的颜色，逐渐变淡变灰。这就像我们拍照时的对焦一样，近处聚焦，背景散焦。

一点透视：出现在有延伸感的画面中，比如街道的尽头是落日，那么以落日的位置为基底线，街道两边的房子和树木最终消失在一个点，符合透视中近大远小的规律。

仰视：要画出一件宏伟的建筑时，采用向上看物体的画法，此时一种雄伟、庄严的感觉就呼之欲出。

这些原理不是技巧，而是源自理解力已经足够的孩子对生活的观察。掌握了更多表现方式后，孩子能做的不仅仅是单张作画了，他还可以创作绘本，结合写作把自己编的故事连续呈现出来，发展了创造力。

石塑黏土

在学习其他造型艺术上，9岁至11岁的孩子也有了更广泛的选择，例如在玩橡皮泥的基础上可以尝试石塑黏土。石塑黏土是用石头的粉末加工而成的黏土，石塑黏土的纹理细密，可塑性与延展性极好，制作过程分为捏形、晾干、打磨、上色四步。石塑黏土做好之后只需要自然风干即可，不需要烤制等过程，干透后类似石膏，具有一定硬度与重量，适合篆刻、雕塑等创作。石塑黏土塑形晾干之后进行打磨，然后用丙烯、水粉、色粉、彩铅等颜料上色，上色完成，颜料干透之后，涂上专用的黏土光油，能呈现出陶瓷般的细腻光泽。石塑黏土最大的优点是只要你想做的，就可以做！比如冰箱贴、耳坠、胸针、项链、首饰盒、香插、眼镜架、装饰画等，做好的小物件可以成为实用的家居摆件，也可以成为送朋友的独一无二的礼物。家长陪孩子一起做吧，这既是珍贵的亲子时光，也能让自己感到轻松和解压。

接下来是罗恩菲德观察总结的11岁至18岁孩子的绘画特点，他将成年前的孩子分成两个阶段。

11～15岁 拟写实阶段

这一阶段儿童的绘画从自发的活动过渡到理性的活动，儿童在绘画过程中力图逼真地表现事物，但实际画出来的效果并不十分准确和完整。他们的图画中会出现明暗透视等绘画方式，且能根据远近和心境来运用色彩。这个阶段儿童开始审视成人或者艺术家的美术作品，并且临摹一些艺术品，在对美术作品的评价中，他们已经能够意识到对艺术作品风格的感受。

现在可以学素描了！

十一二岁的孩子关于怎样继续画画有自己的思考，家长要充分尊重孩子的意愿。这个阶段的孩子可以学习素描了。现在我们谈谈素描到底是什么？为什么儿童不应该过早学素描？

素描是一个相对专业科学的绘画门类，它以追求造型的准确性为目的，涉及形态，空间，结构，解剖，透视，光影，质地等因素。素描是高度理性的绘画，比如光透视就有平行透视、成角透视、圆的透视；明暗有五调子等，一个低年龄段的孩子是很难理解这些原理的。

过于低龄的孩子无法理解素描的原理，他根据老师的示范以及教程的步骤图机械地打稿子、分体面、涂调子，会错误地以为涂黑就是上调子。当他糊里糊涂照着涂，又不理解原因地来回改，这个孩子就会画"油"了。错误的习惯一旦养成，再加上错误的"苦练"，等以后纠正就很难改过来了。

当年龄到了，素描的原理是很容易理解的。但低龄儿童只能机械地照抄：这里是明，那就画白；那里是暗，那就画黑。孩子变得概念化了，这不是好事。一天到晚重复地排线条、涂调子是什么感觉？你问问参加过艺考冲刺集训的高三美术生，十八九岁的他们都曾有画到想吐的感觉，你让小学一年级的孩子这样画，对孩子的创造力和兴趣有半点好处吗？

我们中国家长一向"务实"，认为素描是美术高考必考科目，那越早学不是基本功越扎实吗？

然而这种认识的错误在于画画与舞蹈、钢琴等这类需要"童子功"的艺术门类不一样。孩子学习素描这门课，如果是为了考艺术类大学，高一学都来得及，即使是考美术学院附中，利用初中的寒暑假进行集训，时间上也足够了。孩子过早学素描没有优势，反而会早早扼杀了个人的创造力。国内的美术联考已经形成相应的流水线，暂且不评论，但如果要申请国外顶尖艺术院校，他们更看重体现个人风格和创意的作品集。

在知乎上，我看到"一起艺术"公众号的作者、同时也是一位画家和专注于儿童美术的教育者老潘写的观察：

> 我一直在中央美院教留学生预科班的素描课，这个班里有外国学生，也有不少是外国籍但在中国学习长大的学生。有个鲜明的对照：起初，在中国学习长

大的学生画得比外国学生普遍好很多，因为他们之前都在培训班系统学过几年，而外国学生很多一点基础都没有，但几个月后，外国学生进步很大，并且不少人明显超过了在中国学习长大的学生。

这是因为这些外国学生没有任何专业基础和理论知识，也没有任何先入为主的套路方法，他们完全是靠本能和直觉入手，在一段时间系统学习以后，很快就会爆发出后劲；而反观以前有过基础学习的孩子，他们的直觉能力在以前的学习中被或多或少地抑制和掩埋了，更多是概念的堆砌和习惯性的套路，进步起来反倒更吃力了！

参加过美术高考，尤其是考过中央美院的考生可能有这样的体会：有不少画过很多年、感觉基础很好的考生，甚至是所谓的画霸，往往考得很差，而有些学了时间不长的考生却考得很好。

不少考生不服气，其实他们不理解像中央美院这样的学校更注重的是学生的灵性（艺术感受力）！这种艺术感受力不是外在的套路和技巧，是内在的一种潜质。

孩子不是学什么都越早越好。了解艺术的本质，尊重儿童成长的规律，不拔高、不跟风，家长才能在孩子的艺术之路上做好辅助。

彩铅

这个阶段孩子可以得心应手地使用彩铅，与水彩笔等其他工具相比，彩铅可以更好地控制颜色的层次和细节，使画面更具质感和立体感。彩铅作品可以呈现出细腻的线条和丰富的色彩变化，能够表达出更多的细节和纹理。前面我推荐过低年龄段孩子使用油性彩铅，大孩子可以用水溶性彩铅了。水溶性彩铅的特点是干画时与油性彩铅效果相同，湿画时可溶于水，颜色非常鲜艳亮丽，可以产生水彩一样的晕染效果，又比水彩颜料轻便好带，能够画出非常写实的感觉。

涂鸦艺术

这个阶段的孩子还可以在有条件的情况下，尝试酷酷的涂鸦。涂鸦的意大利文之意是"乱写"，而涂鸦是指在墙壁上乱涂乱写出的图像或画作。涂鸦首先出现在20世纪60年代的美国，经过多年的发展，街头涂鸦文化已经散布到了世界上许多国家的城市，如纽约、柏林、伦敦、哥本哈根等，并慢慢被人们接受，而且逐渐成为一种艺术。20世纪70年代初期，当罐装喷漆可以随处买到时，从地下铁的火车车厢到月台上、街道的墙面，一直到厕所的墙壁，到处可以看到各式各样、色彩鲜艳、个性鲜明的涂鸦。在当时，大部分的涂鸦创作者既不是专业的艺术家也不是专业的艺术系学生，而是来自纽约布朗克斯、布鲁克林和哈林区的街头少年。

　　涂鸦的行为本身是一种对权威的反叛，而涂鸦也是一种艺术的表达方式。涂鸦艺术跟同一时段的摇滚乐和说唱乐十分相似，一开始人们借这种创作反抗体制、表达不满、发泄情绪、控诉社会。随着涂鸦越来越受到欢迎，学院派艺术家也跟进，之后涂鸦艺术开始进驻艺术画廊，供人欣赏、收藏、买卖、投资，自此世界各国便兴起了一股涂鸦文化的热潮。直到现在街头艺术已经变成流行文化的一部分，带动了潮流品牌、时尚商业和娱乐业发展。

　　伦敦、纽约、墨尔本等城市都有供街头艺术家自由喷漆的涂鸦墙，国内也有些城市会不定期在旧城改造和艺术街区推出涂鸦展示，时常有令人叫绝的创意。不管爱不爱画画，那种迎面而来的满满的多巴胺撞击感，只要是青春期的孩子就没有不喜欢的。街头涂鸦也必须在当地法律允许的规则下进行，如果没机会喷墙，心痒痒的孩子也可以从喷滑板和喷自行车练手，一样可以施展你的绝世才华，享受同龄人的惊呼。

　　喷漆的时候，记得戴上有防护作用的口罩或面罩。

流体画

　　这个时期的孩子可以尝试更为自由的流体画。

　　流体画是一种任其自由流淌而形成的艺术，它也是科技发展与新绘画理念结合的产物。20世纪30年代，当时在墨西哥由壁画家大卫·阿尔法罗·西盖罗斯首次创作。他在一次偶然的机会

《神瀑》流体画 Hima 6岁

中，将黑色油漆和白色油漆依次倒在木板上，发现两种颜料交相辉映，形成了如大理石般的纹样，从而产生了对这种独特创作方式的兴趣。西盖罗斯认为这种绘画技术产生了"人类心灵所能想象的最神奇的幻想和形式"。接着他在纽约成立实验室，找人研制材料。丙烯颜料的诞生同样要归功于德国科学家奥托·罗姆，他对丙烯化合物的系列研究为丙烯颜料的诞生提供了可能。在诸多努力下，20世纪50年代，水性丙烯颜料诞生并开始量产。

　　流体画的特点是颜料具有不互溶性和流动性，只需倾倒颜料在画布上任其自然流动就能出现意想不到的绮丽效果，即使完全不会画画的人也能做出一幅独一无二的抽象画。更高阶的流体画家会利用色彩的层次配比、画板的抖动手法、倾倒的方向控制，用吹风机、转盘等加以辅助，制作出令人惊叹的效果。流体画的魅力就在于不可测性和不可复制性，每一幅都是孤品。

　　流体画需要的材料有流体丙烯颜料、画板、一块不怕弄脏的地板。虽然是自由流动，但你也要定一个主题，根据主题去选择颜色，一层一层倒置画面中央，然后双手平举画板向各个方向去晃动，让颜料均匀地布满整块画板。小心地存放两天，完全晾干后就是一幅抽象画啦！把自己做的流体画挂在家里，比外面买的装饰画可有质感多了。

15～17岁 青少年艺术阶段

专业学习美术可行吗？

这一阶段孩子对艺术审美的敏感性和批判性都有所增强，但是由于繁重的课业和高考的压力，在有限的业余时间下，多数学生丧失了对美术的兴趣，少数人能摆脱这一困境，向艺术性绘画发展，也就是我们俗称的"走专业"。

一直支持孩子画画的家长此时有些迷茫：孩子非常喜欢艺术，要不要学习艺术专业？可是学了艺术，毕业了会不会找不到工作？如果孩子执意要追求艺术，家里也没有资源支持他，会不会穷困潦倒一生？

选择专业这件事，确实是一个需要考虑多种现实的大工程。全世界的华人家长对孩子的职业期望仿佛都是集中在医生、律师、工程师等这些稳定、体面、高薪的工作上。

学画画就只能当画家吗？当不了画家是不是就没饭吃了呢？我们来认真探讨一下"走专业"的可行性，以及学画画专业能从事多少种职业。

以国内大学开设的艺术专业为例，据不完全统计，目前有以下这些主要分类。

纯艺类： 中国画、油画、版画、壁画、漆画、雕塑、书法、装饰画、陶艺、漫画、插画、美术教育。

设计类：视觉传达、数码媒体、工业设计、摄影艺术、时装设计、首饰设计、建筑设计、室内设计、景观设计、动画、实验电影、出版设计、媒体设计、陶瓷设计、家居设计、展示设计、舞美设计、化妆设计、网络游戏美术。

理论类：美术史与美术理论、美术批评、艺术管理（艺术行政、艺术经纪）、美术文物鉴定与修复、美术考古学、文化遗产学。

美术生能从事的职业

美术生可以从事的职业太多了，光是专业对口的传统行业就数不胜数。需要说明的是，虽然在画廊、美术馆工作看似是美术生最向往的工作环境，但就现状，薪资有时少到难以想象；策展人更是被戏称为"富二代"才能从事的工作，对人脉、资源的要求比较高，大多数人是无法靠这份工作收入支撑当前的生活。

除去画家、雕塑家、美术老师、服装设计师、珠宝设计师等大家熟知的传统职业外，下面详细列举一些美术生能从事的职业：

老牌行业

建筑师：建筑学的毕业生具备建筑设计、城市设计、室内设计、市政设计等方面的知识和专业技能，可以在设计部门从事各项设计工作，或在房地产部门从事建筑策划与管理工作。这份工作是技术活，行业兴衰完全受房地产影响。

景观设计师：景观设计考虑了周围环境的自然和人工要素，使得建筑与自然环境产生呼应关系。这个领域包括大面积的河域治理、城镇总体规划，中等规模的主题公园设计、街道景观设计，以及面积相对较小的城市广场、小区绿地和住宅庭院设计等。

展示设计师：展示设计是一门综合艺术设计，用艺术设计语言创造独特的展示空间。展示设计师负责设计展览、展品陈列、橱窗设计等，以达到完美沟通的目的。

室内设计师：家装行业人才需求旺盛，客观说入行门槛也低。它有一个问题就是受房地产经济环境影响非常大，社会经济上行期收入还不错，反之，没人装修房子了，接单就困难。

家具设计师：家具设计师是根据室内空间的使用性质、所处环境和要求，结合制造工艺及美学原理，设计各类家具产品的专业设计人员。目前在国内外，家具设计和制造专业人才都是紧缺的。

玩具设计师：我国虽是玩具生产大国，但由于玩具产品设计能力的缺乏，玩具设计师的职业发展有较好的机会。

包装设计师：包装设计师在商品生产和流通领域从事包装工艺设计、储运包装设计、销售包装设计等工作。包装设计风格多样，从传统包装到现代创意包装，都需要专业的设计师。

图书装帧设计师：图书装帧设计师负责图书的外观开本、内文、字体、色彩等方面的设计，以传达文稿内容的核心。

戏剧美术设计师：这个专业主要分电影美术、舞台美术和视频包装三个方向。平时围绕电影美术做针对性的学习，最基本的就是平面三维及尺寸图软件的学习，还有电影场景气氛图设计等。学习美术专业的毕业生可以在影视公司、剧院、电视台、电视节目制作中心、广告公司等领域工作，也可以从事动画原画、动画创意设计、场景设计以及服装道具设计的工作。具有美术功底对影视从业人员非常加分，要知道优秀的导演都是会画分镜头剧本的。

插画师：学画画的人都知道插画师，这是一个艺术与商业结合的职业，如今商业插画已经非常广泛地运用到现代设计的很多个地方，从书籍插图、绘本漫画，到广告海报、网页宣传等领域，插画都占据了重要的一环。许多自由插画师凭接单就可以生活得很好，还有很多插画师完全是靠自学走上职业道路。但是插画师也是一个面临人工智能威胁最大的行业，浅层次的插画很容易被算法生成。

新兴行业

汽车HMI设计师：HMI全称是Human Machine Interface（Interaction），狭义的汽车HMI设计主要是界面设计，即Interface，包括中控屏、数字仪表按钮、仪表的显示及语音交互界面设计等；广义的交互，即Interaction，是人与自动驾驶系统、人与车机界面、人与其他车内硬件的交互体验。尤其在新能源汽车发展旺盛的当下，HMI设计是非常抢手的。HMI设计属于工业设计，同样新兴的还有手机、数码行业的工业设计，值得关注。

数字媒体设计师：数字媒体艺术涉及动画、游戏、虚拟现实等领域。数字媒体设计师需要掌握各种数字媒体制作软件，从事平面设计、网络媒体制作、动画、游戏等工作。美术生一直在关注这个行业会不会被AI取代，目前可以肯定的是，抓取模型和模式复制的工作一定会被取代，但核心的创意部分永远不会被取代。

艺术品鉴定师：艺术品鉴定行业是需要长期积累的工作，需要具有深厚的专业背景知识和丰富的实战经验，二者缺一不可。我国艺术品鉴定行业面临着人才断档的问题，老师傅退休了，谁来把关？就需要敏锐的美术生入行了。

奢侈品鉴定师：二手奢侈品店、中古店、买手店都需要专业眼光准确、经验丰富的鉴定师。长期接受高水准审美训练又对品牌文化感兴趣的美术生做这份工作是非常契合的。类似的工作可以从代购、买手店买手练起，这样的工作经历对有志于在时尚领域发展的美术生是很宝贵的。

文物修复师：《我在故宫修文物》看过吗？文物修复师其实非常稀缺，而且就业也不止博物馆一个去处。文物修复师可以进入拍卖行从事高薪的文物鉴定工作；还可以去海关、公安局等单位工作，因为海关和公安局经常会涉及一些走私案，需要专业的文物鉴定人员来对物品进行鉴定评估。想专注搞学术的也可以去敦煌研究院、大足石刻研究院这类的研究型单位工作。

艺术治疗师：艺术治疗是一种心理治疗的方法，通过音乐冥想、艺术涂鸦、身体雕塑、戏剧表演等过程来达到沟通、心理宣泄与心理治疗的效果。随着现代人对心理健康的重视，各种心理治疗方法也越来越多地被人们所关注和接受，艺术治疗就是当下非常受欢迎的治疗形式。艺术治疗在中国算是刚刚兴起，但是在美国已经存在很多年了。在国外，艺术治疗师的工作薪资非常高，但是对资质也有高要求。

化妆师：如今化妆不再局限于艺术表演范畴，已经扩展到了商业摄影、体育表演、化妆产品研发、公众人物形象顾问、节日庆典、私人化妆师等领域。化妆师是单凭手艺就能生存的代表行业，美术生从事这份职业，要具备专业诚恳的态度，一般收入是非常可观的。

宠物行业设计师：未来宠物行业会非常兴盛，宠物用品的细分已经扩展不少。宠物美容、宠物形象设计、宠物家居环境设计、宠物玩具设计、宠物公共空间设计、宠物身后事等都需要良好的方案。如果本身就喜欢猫猫狗狗的美术生能从事这行业，也是相当幸福了。

画材店老板：有一个民间故事说山里有金子，吸引了无数人去挖金子。有一个机灵的小伙子没挖到金子，却看出了商机，靠卖铲子给挖金子的人而发了财。画画的人，他们选择的颜料和其他画材是长期且固定的消费。懂画画又懂画材的美术生开一家画材店，不但有稳定收入，还能结交朋友，也不耽误自己画画。

文身艺术家：文身不仅是一门手艺，还是一门艺术。在国外，文身师很受欢迎，有些国家招募优秀人才移民时，出色的文身师也能以艺术家的身份成功登陆。

穿戴甲设计师：从事穿戴甲工作和从事在美甲店做指甲工作是完全不同的，设计精美的穿戴甲是可以直接从网店沟通选购，通过设计师的指导，在家进行粘贴。对于客户而言，穿戴甲的优点比传统美甲多太多了：佩戴和拆卸都相当方便；款式可以随时更换；可以重复佩戴；可以根据要求定制复杂的款式，不会有踩雷的风险。对于喜欢钻研穿戴甲的美术生来说，设计、经营的过程在家就可以进行，省去了商铺房租的支出和麻烦，只需要在网上沟通即可，非常适合不擅长与陌生人交流的人从事。再加上在指甲上作画对美术生而言毫无难度，还能时常发挥创意，这是一份看起来很小众，做好了很赚钱的工作。

烘焙行业设计师：无论科技如何发展，蛋糕和甜点永远不会消失。国际上的翻糖蛋糕比赛，每年都是视觉艺术的盛宴，完全就是用食材作画，区别只是比在纸上画得更细腻、更立体。顶级翻糖蛋糕师，都接受过美术训练。我认识好几位行业内的翘楚，本身都是艺术专业出身，因为对甜品的热爱进入烘焙行业，如今都成立了顶尖的烘焙品牌，他们做的甜品充满艺术感，每逢大型活动、婚礼、年会都会被商家订购。以创意取胜的定制蛋糕，即使价格昂贵，也是市场上最受欢迎的。

简单列举了部分职业，这些职业不仅需要专业知识和技能，还需要创造力、审美力和沟通能力，这也是学艺术的人应该具有的核心竞争力，否则，任何岗位都有不复存在的风险。

这个时代，短短几年大学，学什么专业并不重要。没有一个专业能确保你能过上"对"的人生，不光你不知道，教你的老师也不知道。在做过调查的前提下，孩子选择专业时一定要选择自己最喜欢的和最想学的。

此外，不学艺术专业，仍然可以和艺术一直相伴下去。就拿高中阶段来说，这个阶段的孩子可以画油画，画动漫，如果平面的艺术都不在话下了，还可以玩摄影，尝试拍摄短视频、纪录片，甚至可以自己写剧本拍电影。

　　在这个年龄阶段我建议孩子学习用电脑和iPad画画，解锁更环保、更多玩法的板绘，打开这个时代独有的新大门。

用电脑和iPad画画

　　电脑绘画软件有许多，不同的软件适合不同的绘画风格和技术，以下是一些常用的电脑绘画软件：

　　Adobe Photoshop：这是图像处理领域的"老大哥"，在平面设计、建筑装修、动画制作等方面都有涉及。在绘画方面，Photoshop功能齐全、笔刷种类丰富。然而，它需要较高的电脑配置，操作也较为复杂，更适合专业设计者和画师使用。

　　Clip Studio Paint（优动漫PAINT）：这款功能强大的绘图软件适用于插画、漫画绘制和动画制作，它具备绘制漫画、插画以及动画所需的常规功能。优动漫PAINT还可以导出矢量文件和PSD文件，与Photoshop等软件形成良好的联动。

　　Corel Painter：是世界上首屈一指的自然绘画软件，具有仿天然绘画的技术。Corel Painter适合具备一定美术功底并且熟练掌握板绘技术的插画家和艺术师使用。

　　iPad上的画画软件：

　　Procreate：是专为创意人士使用移动设备而打造的绘画应用软件。Procreate界面简洁、操作便捷，适合随时随地进行创作，还能看到绘制的过程。Procreate在绘图效果上能与电脑绘画软件相媲美。

　　Artstudio：这款绘图及照片处理软件的笔刷丰富，可以画大场面。软件中的面板和功能的设计都与Photoshop十分相似，被称为Photoshop的平替，官方价格为78元，可以永久使用。

用电脑和iPad绘画有许多优点，特别适合青少年。

方便快捷：用电脑和iPad绘画可以随时随地进行，不需要大量的画纸和颜料。你只需打开软件，即可开始创作。

节省成本：相对于传统绘画，用电脑和iPad绘画的耗材成本较低。你只需购买一台电脑或iPad就可以长期使用。

易保存和分享：用电脑和iPad绘画作品可以轻松保存在电脑或云端，不易受损。你还可以方便地分享作品给他人。

除了这几款常用的软件，软件商也在不断开发新的画画软件，许多都是免费的。"大神级"画手经常会发布一些自己的使用心得和画画教程，感兴趣的青少年稍加钻研就可以练习创作了。

电脑不仅能画画，还能制作动画和游戏。你会发现玩自己设计的游戏比玩别人设计的游戏有意思多了。

第五章

在美术馆长大

　　美术馆和博物馆，是人类文明最浓缩的地方，它们的价值不必多言。在做单身青年的时候我就很喜欢去看艺术展览，在电视台工作期间，我还曾负责一个博物馆节目的制作长达三年，因此对艺术场馆和布展的规律算是比较熟悉。在孩子出生两个月之后，我就恢复了出门看展的正常生活。Hima从襁褓里的婴儿到成长为一名小学生，无数个周末都是在美术馆和博物馆里度过的。

Hima参观张晓刚个展

◀❙❙　该怎样带孩子去看展？

　　刚开始带Hima看展览的时候，我完全没有"给孩子培养审美"的意向，单纯只是我要去看，孩子没人带，顺便带着一起去而已，所以看展的主体是我，而孩子只是陪着我看。随着孩子渐渐长大，她习惯了我的生活方式，也就习惯了去美术馆。

　　还有一个喜欢带Hima去美术馆的原因是她婴儿时期不喜欢去人群密集的地方，一去人多的地方就诱发湿疹，即使是好玩的儿童乐园，也很少能待得住，所以选择遛娃的场所不太好找。神奇的是，Hima到了空旷且有足够层高的美术馆，她就会安静下来，可能是美术馆温度和湿度的调节令她感到舒适，皮肤也不会起疹子。

　　小月龄的时候，出门带好安抚奶嘴和纸尿裤，选择宝宝背带或婴儿推车出门。只要去的美术馆不太远，也别选择热门时段，一个小时内看完回家，基本没什么问题。我做好了一旦哭就立马带孩子离开展馆的准备，但发现反而越小的宝宝越少吵闹。每次Hima陪我看完展览，我都非常满足，很想对她说一声谢谢。

◀▌▌ 看展之前的准备

带孩子看展之前，先要教会他看展的规矩：**首先，绝对不可以触碰展品。其次，看作品时要站在线以外的地方。再次，在展厅里大声喧哗是很丢脸的事，要小声说话。最后，展厅里不能跑来跑去。这几条是铁律，展览场馆是公共场所，不是自家客厅，做家长的不能放任孩子在展馆"释放天性"。实在做不到的孩子，再大一点来也不迟。**

其他的准备：

选择时间。通常展馆每周一休馆，去之前看一下时间，还要查询一下去的地方是否需要提前预约。比如来北京旅游，中国国家博物馆、故宫博物院、中国科学技术馆这样的国家级场馆都需要提前7天以上预约，一定要早做安排，免得白跑一趟。

做一点功课。提前和孩子查一下要去的场馆介绍，以及具体的展览内容。带着问题去，把逛展变成有任务的闯关游戏。比如，第一时间拿到地图，孩子来规划路线；找到这个博物馆的镇馆之宝；找到自己最喜欢的一件作品；找出最奇怪的一件作品；博物馆护照盖章等。有了这些目标，孩子看展的动力会更足，对这次观展之旅印象也会更深刻，不至于糊里糊涂进去，浑浑噩噩出来。如果是三年级以上的孩子，可做的就更多了，但切忌让孩子背课本和写作文。

来看看纽约大都会博物馆写给孩子们的观展提示：

看，从远处观看艺术，帮我们保管艺术品的安全，不要碰它。

步行，慢慢移动以免错过什么。

讨论，分享想法并聊聊你的所见、所想、所思。

选择一个主题，搜索动物、自然，或者艺术中的图案，你会发现什么？

发挥你的想象力，如果你置身于一件艺术品中，你会看到、听到、尝到、闻到或感受到什么？

请坐下来，保持舒适的姿势并停留一段时间。

轻轻转动你的身体并摆出姿势，用全身感受艺术。

看并问问题，看待艺术没有对错之分。

通过提问开始一段对话：你看到了什么？你注意到了什么让你这么说？我们一起还能找到什么？仔细观察并在艺术作品中寻找线索。

休息一下，你不必一次参观整个博物馆！吃点东西，逛逛商店或在中央公园玩一会儿。

Hima刚满两岁这一年我减少了带她去展馆，因为这个阶段她刚刚学会走和跑，也在学习更多的语言表达。她不肯让大人牵着，一定要自己跟跟跄跄、跌跌撞撞地走，想说很多话，说不清楚会着急地大喊大叫，这就是被称为"可怕的两岁"的阶段。我怕这样的小孩到了美术馆会影响观展的其他人，恐怕我也不能舒心地看展，等这段"小野兽"一样的必经之路度过了再去。三岁以内的孩子去非儿童类的展馆，时间控制在半小时内，不宜过长。

从四五岁开始，孩子已经上了几年幼儿园，具有很好的公众场所规则意识后，进入美术馆就变得很容易，孩子自己也能真正地看展了。到目前为止，我和Hima去遍了全上海的美术馆和博物馆。托这座城市的福，还总有双年展、艺术博览会、顶尖拍卖行的预展等佳作云集的盛会，在精挑细选的前提下，我们平均每月两次看展。去外地旅行也必然会留出参观博物馆的时间，还会去寻找当地的特色美术馆和画廊。

看展真是遛娃首选，用最少的花费获得最好的体验。美术馆的门票一般都不贵，国家修建的博物馆还基本都是免费的。和数千年的文物安安静静地待一个下午，与漂洋过海的名画彼此凝视，你对历史和美的想象在幽暗的展厅里随意蔓延，这是多么快意的体验。

获得展览信息

大城市的展览活动非常多，我们需要好好甄选，挑出适合的展览。怎样获取这些信息呢？有以下几个渠道。

美术馆或博物馆的官方网站、微信公众号、Facebook等社交媒体，都可以获取相关展览信息。通常网站、公众号、小程序上除了查看展讯，还提供购票和预约服务。如果有加入美术馆的会员，他们会定期发送展讯、公共项目和美术馆的各种活动通知。

一般的售票网站，例如猫眼、大麦等，都可在网站上找到展览的相关咨讯和服务。

在豆瓣同城上，不仅有热门的大展，还能发现一些小众的展览活动，发起人可能是没什么资金但很有想法的年轻人，偶有惊喜。

从艺术资讯APP上获取信息。每日环球展览·iDaily Museum就是一个很好的APP，涵盖全球的艺术展览和博物馆活动，点击选择自己所在的城市，随时可以在这里了解到身边正在进行的展览资讯。页面简洁清楚，每一个展览都有详细的作品介绍以及展览的实用信息。

另外想得到他人真实的展览观后感，可以在小红书等社交媒体上搜一搜展览的名字，会出现许多真诚的分享。普通观众的感受比美术馆自己发的通稿、被邀请的名人说得更为坦诚，吐槽或赞美都很直接，你可以根据别人的评价来判断自己是否适合去看这个展。

长假高峰不要带低龄孩子去热门展馆

国庆春节期间，国家博物馆之类的地方人流涌动，在这样的高峰期看展，即使是大人的体验感也不会好，更何况是低龄孩子，只有受罪，没有意义，孩子可能因此对博物馆产生厌恶。等孩子上了学，有机会再去也不迟。对于孩子来说，没有非看不可的展览。

不要为了孩子"受教育"才去看展

你自己喜欢看展吗？如果你不懂，那么愿意花时间了解一下再和孩子一起去吗？我观察到的情况，有许多家长是"听说这个展览好，孩子看了能陶冶情操"才来的，自己并没有兴趣，孩子看展的时候自己在看手机，或干脆坐在展厅外面等。看展览是难得的亲子行为，共同看了一场展览，就有了共同话题，和孩子的聊天又有了新的灵感，家庭关系会更亲密。对孩子来说，什么展览并不重要，"和爸爸妈妈一起看了场展览"才是最大的意义。

如果孩子不喜欢，没必要强迫孩子把展览从头到尾看完。如果大人觉得这个展览不好看，他可能会坚持看完，因为"来都来了，还花了门票钱呢"，但孩子不会掩饰自己的任何感觉，也许是不喜欢展览，也许要急着回家玩玩具，也许就是忽然状态不好了。没关系，不想看了就少看一会儿，家长千万不要数落孩子，更不要因此而发火。

看展览，"不懂"没关系

看艺术展览不是做题，不是学知识，看展是感受，不必追求"看懂"。"这幅画用怎样的手法？表达了什么的主题？"这样的介绍，孩子没必要记住。赤诚的孩子和艺术品之间有天然的"接收器"，欣赏艺术品本身才是看展的目的。

贡布里希在《艺术的故事》里说："我们常常看到有人手持展品目录，闲步走过画廊，每停在一幅画前，就急忙去找它的号码。他们翻书查阅，一旦找到了作品的标题或名字，就又向前走去。其实他们还不如待在家里，因为这简直没有看画，不过查了查目录而已。这是一种脑力的'短路现象'，根本不是欣赏作品。"所以完全不用因为"不懂"而感到不好意思。

别在看展的时候喋喋不休"鸡娃"

作为观展群众，我对有些"鸡娃"心切的家长在看展时的表现很无奈。一般看展，和同行人不频繁的低语交流是正常的，但有些家长话太密了，抓住孩子就说个不停："这幅画是谁画的？对，达·芬奇。达·芬奇还有什么名画？他和谁是文艺复兴三杰？你知道什么是文艺复兴？他是哪国人？对，那时候是公元多少世纪？当时中国是什么朝代？你看你历史课就没认真听……"还有看某朝代的文物时，家长现场命令孩子背诵这个朝代的古诗，玻璃柜里的文物都替孩子无奈。家长可以在看展之前搜索相关的展品介绍并和孩子在家里做功课，也可以来到现场租部讲解机安静地听详细介绍。切记不要在展馆现场长篇大论进行知识灌输，更不要考孩子，来美术馆只有一件事，让孩子专注地感受。

低龄儿童不宜约伴看展

孩子们的活动，家长经常会约上小伙伴一起，看展也是如此。但就我个人的观察和经验，如果是小学二年级以下的低龄段孩子，约了好友，基本就是全程嬉笑打闹，没有心思看展了，重要的是小伙伴们玩得一兴奋，很可能会打扰到展馆里的其他观众。所以要依照自己的情况决定，个人觉得，观展还是保持"独"和"静"更容易沉浸。

创造和美术馆有关的一切快乐记忆

孩子不爱看画怎么办？没关系，美术馆里总有好东西！吃个和美术馆造型一样的文创雪糕，看一看用名画做拉花的艺术咖啡，逛一逛美术馆的商店，琳琅满目的展览衍生品都会让孩子感到新奇，挑一个孩子喜欢的买回家。人总是很快忘记发生过的事，可当你和孩子看到那个展览上买来的冰箱贴时，一起去美术馆的幸福时光就又会浮现在眼前。

利用美术馆、博物馆丰富多样的公共教育活动

美术馆和博物馆有一个重要的职责就是公共教育。当我第一次去巴黎看大大小小的博物馆时，印象最深的就是随处可见成群结队的孩子，在博物馆席地而坐，认真地听老师讲解，他们会踊跃举手提问，同时又保持着专注和沉静。相信看到这个场景的人都会被打动，在博物馆里上课的童年，太令人羡慕了。

西方的博物馆文化发展得早，侧重于公众教育的理念令它们更能为儿童、残疾人等人群考虑，例如展馆内一定有完备的

无障碍设施；设计展柜的时候一定会确保儿童的身高可以看得到等。大英博物馆将埃及罗塞塔石碑这样的镇馆之宝做了一件复制品邀请观众触摸，以满足儿童的好奇心。在此基础上，他们设计了专门面向儿童的观展指南，制定适合儿童的展览讲解，与学校联合组织博物馆课堂，定期举办主题讲座和活动。现在国内的博物馆、美术馆也有了"儿童视角"的意识，加上从事美术教育方面的人才越来越多，不管是国有博物馆还是民营美术馆，都开始有丰富的公教活动。比如美术馆或博物馆举办一个展览，会推出集中导览讲解的专场，不仅具有专业性，还具有符合儿童特点的趣味性。Hima参加过不少公教活动，这些活动非常优质，收获颇丰。

上海久事美术馆曾举办"小小讲解员"活动。当时久事美术馆正在举办卢梭等法国十九世纪稚拙派艺术家展览，同时在招募这场画展的小讲解员。为期两天的观展、讨论、资料收集后，老师请他们各自选一幅喜欢的画，写出一份文稿，包括画作、画家的介绍，以及自己对作品的理解，然后录制解说词。这场活动将孩子的观察能力、思考能力、信息收集能力、写作能力和表达能力都得到了全方位的锻炼。最后，当制作好的二维码被郑重地放在作品展签旁边，所有来看展的人都在扫码收听时，孩子的自信心和成就感又达到了一个高峰。

2022年，由敦煌研究院与上海零卡文化发展有限公司共同出品的《敦煌奇境——传奇洞窟220窟之谜》多媒体展再现了莫高窟第220窟的瑰丽壁画。这个展组织了一个"我在敦煌当画工"的儿童一日营，由老师带领以穿越历史的方式参观展览，最

看到敦煌乐舞菩萨后即兴速写的小稿

《敦煌乐舞》 Hima 5岁

后提供独特的材料，让孩子动手创作古代敦煌的湿壁画。由于Hima在这次活动中画出的画与众不同，引起了公教老师的注意并开始了解她，也就是这份机缘，零卡文化为她办了人生中第一个画展。

重点是用眼睛看，不是用手机拍。如今看展已经成了一件时髦的事，热衷引领生活方式的网红们带起了看展打卡的风气，社交媒体上充斥着在艺术展摆拍的各种照片。在允许拍照的展览上，自拍作为个人的观展纪念无可厚非，但是许多人本末倒置地将拍照打卡当作看展的首要任务，实在是可惜。

第六章

带上画笔去旅行

旅行是开阔视野、丰富审美、认识世界的活动，无论对大人还是孩子，旅行都是我们珍贵的体验之一。我自己喜欢旅行，有了孩子以后，也不想因为孩子就改变了自己喜欢的生活方式，因此，从Hima五个月的时候就开始陪我们旅行。现在，年纪小小的她已经有相当多的旅行经验，而旅行也影响和塑造了她对世界的认识。

我推着7个月的Hima跑完首尔马拉松

Hima6岁的时候徒步雨崩村

◀Ⅱ 没有非去不可的景点

　　中国山河壮丽，有太多值得游览的地方，但如果带着孩子，一定要放慢节奏，取舍景点。暑假出游，常常能看见在旅游景点数落孩子的家长："我好不容易请了年假陪你出来玩，花这么多钱，你都不好好看！"而被埋怨的孩子不服气地嘟囔："又不是我要来这儿的。"说句真心话，这么热的天，这么拥挤的人群，对于并不感兴趣的景点，确实还不如躺在开着空调的酒店里玩手机呢。如果孩子还在上幼儿园，家长非带他去与三国人物相关的遗址，孩子只会觉得既不好玩又看不懂，这种情况下大人孩子都受罪，谁也不开心，害得亲子关系紧张。所以要去的地方得有筛选，全家人旅行最重要的应该是开开心心在一起，你会发现，不是景点的地方反而最好玩。

孩子对风景不感兴趣怎么办？

　　大人因为花了钱，做了攻略，看到预想中的景色时会欣喜若狂："果然诚不欺我！儿子快看，这就是阿尔卑斯山！"5岁的儿子懵懵懂懂，在他的认知里这就只是一座山。如果孩子对优美的景色无动于衷，不要担心"这孩子是不是没有感受力啊？是不是没审美啊？"孩子虽然暂时没看出阿尔卑斯山的美，但他从爸爸妈妈激动的表情、从周围游客纷纷拍照的动作里能意识到这是难得一见的事物，此时大人再耐心地告诉他这座山为什么特别，哪里最壮美，相信孩子会努力感受到。不同年龄的孩子、不同性格的孩子、不同表达能力的孩子，看到风景的反应都不一样，不要因为孩子反应平淡而着急。其实，孩子都有连接自然的"原力"，只是有时候需要一个启动键开启这种"原力"，家长就是按下启动键的人。

　　如果你是旅行团的游客，可能会在大巴上睡觉，但如果你是开旅游大巴的司机，一定会聚精会神。那么，提起孩子看风景的精神，就是**赋予孩子任务**。Hima三四岁的时候，我买过一种儿童玩具照相机，硅胶外壳，容易抓握，也不怕摔，有像模像样的取景器，大彩屏，能回看、删除，还能加滤镜，拍视频，虽然像素不高，内存也不会很大，但足够孩子使用。当和孩子出去旅行的时候，鼓励孩子密切观察寻找值得拍摄的好风景并将它们记录

Hima在草原上开心地抱起小羊

下来，我保证孩子整个行程都会兴致高昂。孩子们可能还会研究
大人拍下的照片，力争自己拍得更好。孩子大了以后，可以用家
里闲置的数码相机或旧手机，这是审美提升的好方法，更是艺术
创作。旅途中不缺少美，缺少的是一双发现美的眼睛，大人帮孩
子擦亮眼睛，让孩子自己去探索和认识世界。

最好看的是人

《舌尖上的中国》总导演陈晓卿说过一句话："最好吃的永远是人。"食物的滋味，并不在于咸淡火候，最值得回味的是和你吃这餐饭的人，做这餐饭的人，和这餐饭有关的人的故事。

旅行也是如此，比起名胜古迹，更有意思值得看的是当地的人。人们是怎样生活的？和你的家乡有什么不同？每到一个地方，我们都会去一次本地的菜市场，在晚饭过后去看一次本地的广场舞，去市中心小学附近的居民区走一走。我们听小区门口打牌的伯伯吹牛，跟小吃店的老板娘聊天，试着学说一句本地话，都很好玩。老人和小孩是没有修饰的，这些地方呈现着本地最真实鲜活的风貌，比起专供游客打卡、千篇一律的商业街更有意义。

拿国内旅行来举例。我们去了云南很多次，云南有着各种风貌的旅游资源，丰富的文化底蕴，地区差异也很大，在云南总有挖掘不完的新鲜事。

在云南文山壮族苗族自治州，Hima在路上看到的婴儿背带特别好看，是彩线刺绣在棉布上的，绣着祝福宝宝的话和漂亮的花纹。后来跟一位背宝宝的当地女性聊天，知道了这是云南贵州地区特有的传统婴儿背带，它们叫"背扇"，她向我们展示了背扇的设计，能把宝宝舒适安全地固定在妈妈背上，非常科学，设计完全不输我们现在使用的高级婴儿背带。背扇的工艺有刺绣、蜡

当地妇女为了方便日常出行，用背扇包裹着自己的孩子

染、挑花、织锦、布贴等，贴花图案有凤穿牡丹、福禄寿喜、年年有余等。苗族的背扇上绣着本民族崇信的鱼、桐子花、石榴，侗族的背扇上有榕树花、混沌花、蜘蛛等，寓意着枝繁叶茂，子嗣绵延。有的上面还装饰了香囊、流苏，用来辟邪趋吉，祈愿小宝宝健康成长。这些凝结着世世代代民间智慧和爱的艺术，丝毫不逊色于画廊里的艺术品。

在云南巍山彝族回族自治县，Hima发现很多人家门口都贴着白色红色的对联，很好奇，我也从未看到过一个地方的民居有如此密集的对联。经过一番了解，原来当地有历史悠久的楹联文化。家中老人去世后要隆重地撰写挽联，在大门口张贴三年，满三年后要再写"除服"的红色对联，表示守孝已满。这些对联用字考究，对仗工整，功底深厚，挽联中还要醒目地写出过世老人的岁数，近百岁的比比皆是。当地人告诉我们，这是一种孝道的善意"攀比"，家家户户都尽力把老人照顾得健康长寿。知道这些文化后我们都长了见识，孩子对生死的传统文化也有了了解，而且，这些对联上的文字让Hima对书法产生了兴趣，体会到了汉字之美。

我感谢孩子，成年人的视界已经日趋麻木，是孩子好奇锐利的双眼，带我发现了这么多不会被注意到的闪光的美。幸福的旅行，就要像第一次来到这个世界上一样。

◀❚❚ 便于出门携带的画材

　　孩子小的时候，普通的画笔抓握不牢，经常会掉落，加上公共场所空间狭窄，并不适合使用铺开的本子画画。通常情况下选择带在路上打发时间的画画工具最好是便携安全又不占太多空间的，鉴于出门在外还容易丢东西，画具最好价格便宜。我们坐飞机坐火车，会带以下几样神器：

奇妙的水画本

　　硬质的画本，画面中是一些动画片场景的白描，用一支灌满水的笔涂上去，就会显示出漂亮的颜色，重现孩子熟悉的卡通人物。过一会儿水痕干了，画面又会恢复没有颜色的白描状态。水画本的使用毫无技术含量，非常适合二岁到四岁的宝宝，锻炼小手的肌肉能力和专注力。

便携粉笔画本

　　便携粉笔画本的封面、封底是帆布材质，内页是塑胶帆布，防水易清洗，画起来既有粉笔的涂鸦效果，又有蜡笔的色彩饱和度。本子还自带一个笔袋，里面有几种颜色的粉笔。这种本子一面有图形可以涂色，另一面则完全空白，可供孩子自由创作。孩子画完后用湿纸巾一擦就干净，画本可以循环使用，非常便携，适合二岁到六岁的孩子。

液晶手写板

也叫液晶膜手写板，它采用一层柔性液晶膜来显示与书写。缺省状态下，液晶膜是黑色（类似黑板），当受到外力按压时，相应区域会变成亮色，从而形成书写的效果。液晶膜在显示与书写时，并不消耗电量，一旦给液晶膜通电，则恢复缺省状态，俗称一键清除。液晶板极为轻薄，而且笔触纤细，等同于成年人正常书写的感觉。画板上可以画画，也可以做演算，还可以讲题，非常方便。液晶手写板适合幼儿园大班及以上的孩子使用。

小本本和旋转彩色圆珠笔

五岁以上喜欢自由画画的孩子，出门可以带一个小小的本子用笔画画。孩子都喜欢用彩笔，但是带多了路上不好收拾，所以我找到一款五色的旋转圆珠笔，孩子很喜欢，带一根就够了，不占地方。

这些画画小工具，每个孩子都能玩，而且没有孩子不喜欢的。快让孩子试着用画画代替玩电子产品吧！

别错过旅行中的艺术体验

做扎染

做鲜花饼

Hima的唐卡作品完成啦

　　眼睛看过的事物一定没有亲手做过的事物印象深刻。我们在大理亲手做过鲜花饼和鲜花口红，在丽江做过扎染的包包和衣服，在景德镇做过烧制的陶器，在贵州尝试过苗绣，在西湖体验过采茶和炒茶，在苏州体验过做团扇，在上海的黄道婆纪念馆体验使用织布机，在广州体验做一个中药香囊，在拉萨体验画出一幅唐卡。仅仅在中华大地上就有感受不完的手工和艺术，每到一个地方，搜索和留意当地的"非物质文化遗产"就可以有目的地前往，比起要排长队的热门景点，这些手工艺馆、小作坊沉浸感更强，感受到的内容更好，结束后还能有一个自己亲手做出的成果，一定比走马观花式的旅行收获更多。

　　等孩子大一点，还可以去巴黎的香水老店体验做香水，去巧克力博物馆做巧克力，去蒙马特的小工作室学习做彩色玻璃，去意大利感受马赛克镶嵌艺术和贝雕首饰工艺，去佛罗伦萨参观马鞍和皮鞋是怎么做出来的，去威尼斯学做水晶玻璃面具，在京都的百年小店静下心来，用江户时代使用至今的丝线和工具来做一个传统的耳环、娃娃或版画。许多小店和工坊都提供了适合游客的体验内容，不会花太长时间就能充分感受到参与本地艺术的乐趣。

　　打开旅行中的"隐藏菜单"，秘诀并不是多花钱，而是用你善于搜索的手和善于询问的口。

第七章

绘本中的艺术启蒙

◀‖ 我和绘本

我的女儿出生后不久，同学送我了一套林明子的绘本。我很惊讶，现在就寄书给我，孩子也不会看啊。同学很肯定地告诉我，宝宝出生六个月后就可以开始读绘本，你要和她一起读。我不太相信地查了资料，发现美国有一项全国性婴幼儿早期阅读推广示范项目叫作"出生即阅读"，他们的口号是"生而阅读，绝非太早"。比尔·盖茨就亲自给几个月大的小孙女读绘本，他还特地发布了一个短视频，介绍自己如何为外孙女挑选绘本。马克·扎克伯格在自己的娃还没满月的时候就开始给孩子念绘本了，念的还是《宝宝的量子物理学》。

原来，阅读图画书真的不分年龄，重要的是和孩子一起读，从此我就成了绘本狂人，一发不可收地买书，找书，学习如何挑选好的绘本。在陪孩子读绘本的几年里，Hima读过的绘本有几千册，现在她已成为一个酷爱读书的孩子。在这个过程中我也成了一名儿童阅读推广人，录了一百多个睡前故事做成小程序免费为孩子进行公益播放；去早教中心、幼儿园、书展、公益机构为儿童现场讲故事；后来被上海宋庆龄基金会聘为宋庆龄儿童阅读室指导老师；又为无数所边远地区的乡村学校输送故事和进行教师培训；还为留守儿童撰写过两本绘本。我的孩子成长过程中受益于绘本，我希望更多的孩子都能从绘本中得到童年的慰藉。

◀▐▏ "没用"的绘本就是好绘本

现在的绘本市场虽然火热，但是在选书上有个很滑稽的现象：家长像买药一样买书，书商像卖大力丸一样卖书。

书商："请问您家孩子有哪方面问题？"

家长A："我家孩子不好好吃饭！哪本书能治？"

书商："给您来这本《不哭不闹吃饭饭》（书名为杜撰），保证'药到病除'！"

家长B："我家孩子胆子特小，不敢大声说话，做作业还慢。"

书商："这本《别害怕，大声举手说》（书名为杜撰）是我们这卖得最好的，您再来本《快快快》（书名为杜撰）专治孩子磨蹭。"

我也买过这样的"药丸书"，因为商家的宣传语太吸引家长了："一本书改掉一个坏习惯""一本书让您的孩子脱胎换骨"。可是哪有这种好事？我曾为了让孩子学会自己分房睡而买了好几本"一个人睡觉"之类的书，孩子不但拒绝看，还试图趁我不注意把书扔进垃圾桶。孩子是很敏感的，绘本一旦变成说教工具，孩子是反感且抗拒的，不但起不到你想要的教育作用，反而会从此讨厌绘本。

因为我们一直以来的思维是："从这本书中我学到了……""我懂得了……道理""从今以后我再也不……"。如果读完一本绘本，啥也没学到，那不是浪费时间呀。

松居直曾说过，他在编辑绘本时有两个基本原则：第一，绘本不是孩子们自己读的书，而是大人读给孩子们听的书；第二，不做仅仅"有用"的绘本。家长为孩子念图画书，绝不是为了眼前的育儿生活，更不是为孩子将来的学校教育做准备。图画书对幼儿没有任何"用途"，它不是拿来学习东西的，而是用来感受快乐的。一本图画书越有趣，它的内容越能深刻地留在孩子的记忆里，在成长的过程中，或是长大成人之后，孩子自然能理解其中的意义。绘本在教育中不是灌输知识，而是起到"润物细无声"的作用。

曾经和松居直共事过的著名出版人唐亚明说过，"没用"的书表面看起来就是没有直接的用处，但是它的用处实际上是非常大的，不是说读了我就一下子记住了10句美好的话，一下子就美感提升了，而是通过阅读带来愉悦的心情，感性的教育。对语言的感觉，对美术的感受，或者对亲情的理解，这是最重要的。

即便是科普类童书，也不是为了看书得到一些具体的知识，而是看了这种科普书收获兴趣，觉得这件事情竟然这么有意思，这个书的作用就起到了。这是福音馆出版社反复强调的理念。

我最喜欢的一本绘本是李欧·李奥尼的《田鼠阿佛》。整个冬天，当别的田鼠忙忙碌碌找食物准备过冬时，阿佛什么活也没干，它就在做一件"无用"的事：采集阳光、颜色和词语。漫长的冬天来临时，当其他的田鼠感到寂寞时，阿佛拿出了它保存的阳光、颜色和词语，为大家带来了温暖和希望，使大家愉快地度过了严冬。

这就是绘本和美育的共通点：**感受和治愈，在潜移默化中健全孩子的人格，孩子的自我修复力得以自然生成。**

最最重要的一点，当你和孩子一起读绘本、一起画画、一起看风景时，这些都是没有人能替代且永远不可复制的珍贵时光。

◀Ⅱ 绘本是座美术馆

　　绘本几乎涵盖了平面艺术的所有形式，优秀的绘本看似薄薄十几页，实则富含严谨的美学原理。从图像语言来讲，包括线条、形状、色彩、光影、质感与肌理、角度与空间、动感与节奏、比例与构图等。从绘画方式来讲，有水彩画、油画、水粉画、彩铅、水墨画、版画、剪纸、拼贴、炭画、照片画等不同的种类。一个长期大量看绘本的孩子，自然而然就会画画。

　　绘本画和"墙上的"艺术作品不一样，每一页通常暗藏玄机，让人脑洞大开，常常有"小彩蛋"躲在细节里，封面、封底和环衬还会互相呼应。绘本作者都想尽最大可能展现自己的巧思，因此读一本有趣的书，感觉像玩躲猫猫，又或者是坐过山车，孩子的想象力也就在愉快和惊喜中被不断激发。童书作家阿甲说过，一个人读了1000本绘本，这个人就有了1000种人生观察。

　　如果童年持续浸润在优质的绘本里，那等于坐上一列充满机关的火车，在缤纷的世界穿梭，一路不停地经过具象派的山谷、抽象主义的城市、超现实主义的湖泊、印象派的平原、民间艺术的沙丘，不同性格、不同国家、不同时空的故事主角们陪伴你，一程又一程。坐过这部列车的孩子，自然会深深地懂得美，并且拥有富足的内心。

优秀的绘本数不胜数，如果一一推荐，那又是一本厚厚的书了。如果家里有爱画画的孩子，以下几本对画画都有激励作用：

《我的创意绘本　五味太郎50%》五味太郎

只要看过绘本的孩子和妈妈对创意奇才五味太郎一定不会陌生，他已出版了400多部作品，如《小金鱼逃走了》《看，脱光光了！》《藏猫猫　藏猫猫》《从窗外送来的礼物》《洞洞动起来》等，都受到孩子们的喜爱。

这本书是一部让读者参与的创意涂鸦书，它已被翻译成16种语言，全世界孩子都在画它。书中五味太郎先画出非常简单的一小部分，有时可能只是一根线条，再给出脑洞大开的提示，剩下的一半等读者发挥。所以这本书的作者是"你"+五味太郎。

五味太郎在书里把画画比作散步，邀请大家和他一起，希望是一次发自内心的散步，不带着锻炼身体的目的，真正享受散步的乐趣。书里的创作邀请，毫无"教导"的痕迹，面对这样的涂鸦书，没有一个孩子会说"我不会画"。

《威利的画》安东尼·布朗

这是一本有关世界名画欣赏的艺术普及书。《我爸爸》《魔术师威利》的作者安东尼·布朗以诙谐幽默的方式再创作了多幅世界名画，大猩猩威利变身进入名画，模仿了《蒙娜丽莎》《拾穗者》《大碗岛的星期天下午》《维纳斯的诞生》等，实现了一把疯狂想象。书中基本没有情节，全是天马行空的无厘头标题，画里还有画中画，需要眼光犀利的小朋友仔细发现。书的最后将书中解构过的真实名画列了图表和详细介绍。对于熟悉威利这个形象的小读者，这本书能让他们看到插画师是如何工作的，还能跟随威利的足迹，第一次看到这些经典的艺术作品，让这些名作先在幼小的记忆里留个印象，待到长大一点再欣赏它们就不再陌生。

《我就是爱画画》西卷茅子

这本书讲的是喜欢画画的猫和它的朋友之间的故事。猫很喜欢画画，每天都在家里画许许多多的画，但是朋友们不理解为什么猫每天都在画画。小兔子来送衣服、狐狸来送鱼、猴子来修椅子的时候，都忍不住要提出疑问：画画究竟有什么用呀？猫想了想，确实不知道画画有什么用，但是猫仍然每天坚持做着自己喜欢的事。偶然在一个下雨天，小伙伴们觉得很无聊，于是决定去看看猫画的画，四个人一边喝茶一边赏画，度过了愉快的一天。猫的创作得到了朋友的认可，猫自己也觉得"喜欢画画并且画得很好，真的是一件很棒的事"。这是一个很简单的故事，解答了"无用"的艺术有没有价值的问题，有着与《田鼠阿佛》相似的内核，能够给刚开始画画的小朋友一点思考。

《神奇的水彩》林明子

林明子创作了《第一次上街买东西》《阿丘和阿狐》《魔女宅急便》等书，这本书是林明子最受读者喜爱的经典绘本之一，并曾被票选为日本读者最喜欢的五本绘本之一。故事讲的是佳美的哥哥有一盒神奇的水彩，佳美很想用它来画画，可哥哥却总是不同意。这一天，哥哥终于答应把水彩借给佳美，谁知意想不到的事情发生了，尺蠖虫、乌鸦、熊、狐狸、蛇……小动物们也想用神奇的水彩画画。红的、黄的、蓝的……渐渐地，画纸上铺展出一幅妙不可言的图画，这水彩还真有神奇的魔力！

　　这个故事源于林明子小时候学画的经历。从小学五年级开始，林明子每周日都会去画家饭岛一次的工作室学习绘画，年纪尚小的她闻着水彩的味道，被画家的画所包围，是那么的身心愉悦又感觉不可思议，这些画仿佛为林明子打开了新世界的大门。林明子被小时候的感动激励着，一路成为绘本大画家，现在又把这份初心呈现给小读者，希望孩子们能记住画画带来的美好的感觉，鼓起动笔的勇气。

你也能画一本绘本，开始吧！

小脑袋里装着大世界

看多了绘本，Hima也决定"写书"。她找来本子，一页一页地把想到的故事画上去，然后口述，让我把文字写上去。

Hima在看了关于梵高的纪录片以后，她创作了一本《画家》，这是她第一本完整的绘本，创作于四岁半的时候。

五岁的时候，Hima能够写简单的英文了，开始独立创作她的绘本，集文字作者和图画作者于一身，充满成就感。

《画家》部分内容

　　这是她画的《我爱四季》，介绍了春夏秋冬都能干什么。夏天可以和妈妈冲浪、挖沙、游泳。

《我爱四季》部分内容

　　喜欢冬天是因为可以做雪人、打雪仗、滑冰。

《我爱四季》部分内容

　　喜欢秋天是因为可以坐船玩，她画了一个大大的游轮。秋天还可以在小区里骑自行车，骑自行车的这幅图里已经有了近大远小的意识，有了体现环境关系的后景，而且骑车的人两根小辫子被风吹起来了，表现车速飞快。秋天还可以玩滑板车，这里她画出了小区里的流浪猫，一脸惊讶地看着她。总结，

《我爱四季》部分内容

"我爱做这些所有的事！"

这本书让我很惊喜，不仅因为她画出的人物已经有了灵动的神态和呼之欲出的动势，更重要的是读者真的能在书里感受到一个孩子对四季的热爱，那种生机勃勃、什么都想尝试、什么都期待的内心。

Hima五岁这一年，在疫情防控期间，我们有大量的时间在家画画，她创作了许多绘本。为了能够摆脱求人配字的困境，她主动要学认字，有了这股充沛的动力，她学会了很多字，终于可以自己撰文了。对于起书名和画封面她信手拈来，然后她还创作了一个"草莓熊出版社"，她所有的书都是"草莓熊出版社"出版的。

Hima的故事题材多样，《月亮王国》是一个温馨的睡前故事；《丝丝和小德》是小女孩和小熊做朋友的故事；《卡梅迪的秘密洞穴》讲了小女孩卡梅迪去普者黑（当时我们正在云南普者

5岁的Hima所画的部分绘本封面

黑）玩的时候，掉进了一个洞里，然后就进入了巨人国，又来到了小人国的故事；《破坏大王小镇》的构思就更有意思了，破坏大王小镇的人们每天都要破坏东西，破坏完之后还得把它们修好，以便第二天能够继续破坏。因为搞破坏是这里的规矩，所以，即使破坏大王们自己都累了也得天天这样做……

孩子在创作中碰到的难题应该如何解决？

Hima的构思总是层出不穷，但画一个连续的故事可没那么简单。她画着画着，就会碰到难题：前几页出场的人物画着画着自己忘了，后面没这人了；用了好多页描写主人公和金鱼感情深厚，画到后面加了一只猫，全是猫的故事了，画完了一往前翻发现金鱼不知所终了，该怎么继续下去？

我很懂她的感觉，身为写作者，我也常常陷入瓶颈，故事雄心万丈的开始，垂头丧气的烂尾实在让人不开心。我的同学巴哑哑是一名编辑，她送给Hima一本书，名字叫《看！我写了一本书！（你也行！）》。我和孩子一起看了这本书，简直太妙了！这就是我们需要的！别说孩子了，连我这个大人都觉得太有用了，它真的是一本写作指南。

第一步：得有一个好点子，怎么找灵感呢？想想去过的地方、见过的人，盯着窗外发呆，挖空心思想好要写什么。想好了以后，你自己必须知道自己在写什么，得懂这方面的东西。

第二步：得明确本书的读者是谁？给奶奶写书，拖拉机和翻斗车的内容她就会看睡着；给宝宝写书，就不能有恐怖故事。

第三步：得列一个写作提纲。

第四步：想一个响亮的书名。

第五步：故事的结构应该是什么样的？故事得包含哪些元素？还得有一个吸引人的开头。

第六步：写完以后呢？你还得召集朋友们读一读，听听大家的意见，再把它改得更棒一点儿。

第七步：接着就可以把纸张一页页贴在一起，写上作者介绍，设计封面封底，再配上夸张的宣传语，变成一本有模有样的书。

第八步：想尽办法去推销，哪怕是把路人绑在椅子上！

整个过程都是一个孩子的心理活动，无比欢乐。看完这本书，五岁的Hima又创作了一本绘本《山蒂的秘密大冒险》，这本就厉害了，不但版式更加"正规"，有环衬，有封底，有推荐语，还有定价呢！而且内容也相当完整。这本书被出版人、画家虫虫发现，推荐参加了中国iSTART儿童艺术节原创绘本展。

自从自己写了"书"，Hima阅读绘本的时候就不再只是看

《山蒂的秘密大冒险》部分内容

故事情节，她还会研究封面、作者、排版的样式等。

六岁时，她写了一本《小猫秋秋的毛线球》，再次在 iSTART 原创绘本展中展出。这个故事简单又巧妙，很受小朋友喜爱，绘本展还将书里的角色做成了周边。

后来，Hima 写"书"的热情持续不减，每天都在想点子找题材。她写学校的故事；写教你如何养狗的非虚构的书；写跌宕起伏的科幻书……没准哪天，她真的写出一本畅销书呢！

第八章

儿童绘画
在心理学的意义

◀Ⅱ 孩子的话都在画里

　　我从来不赞同把孩子画画当成"才艺"，我认为孩子画画和拿勺子吃饭、拿铲子挖沙一样，是与生俱来的动作。画画，是孩子不加掩饰的表达方式，在心理学上，画画更是具有最直接最有效的疗愈功能。

　　儿童的语言能力从一岁多开始发育，在这个时候，孩子就已经有许多感受和想法要表达，但是语言的发育是一个长期且复杂的过程，到了两三岁，甚至四五岁，对于描述一个场景，讲述一件事情，用语言清晰完整地表达对孩子来说仍是一件比较挑战的任务。当孩子发现自己的语言能力不足以支撑表达心里的想法

《记录我的梦》 Hima 5岁

时，这时候，画画就是一个很好的辅助。

Hima两岁多的时候，遭遇一次细菌感染，发烧、失声、说不出话，医生询问症状的时候，她拿起医生的笔，在一张纸上画了一个人头，这个人的嗓子上长了一只"刺猬"，说是刺猬，其实就是一团长满了刺的东西，这个人的脑门两侧也各画了一只刺猬。很简单的图像，但那些针一样的线条一下子就清楚地表达了患者自述：嗓子像针扎一样疼，太阳穴也是一跳一跳地在刺痛。从那次开始我对儿童画画的认知就打开了一扇新大门——原来"话"是可以"画"出来的！那么读懂孩子的画就非常考验大人的能力了，我们必须躬身虚心，了解孩子的画在讲什么。

著名的《小王子》里，圣埃克苏佩里在书的开头就讲了一个成人误解儿童画的例子：

当我还只有六岁的时候，在一本描写原始森林的名叫《真实的故事》的书中，看到了一幅精彩的插画，画的是一条蟒蛇正在吞食一只大野兽。

这本书中写道："这些蟒蛇把它们的猎获物不加咀

嚼地囫囵吞下，尔后就不能再动弹了；它们就在长长的六个月的睡眠中消化这些食物。"

当时，我对丛林中的奇遇想得很多，于是，我也用彩色铅笔画出了我的第一幅图画。我的第一号作品，它是这样的：

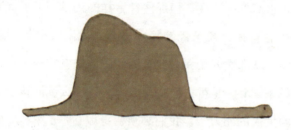

我把我的这幅杰作拿给大人看，我问他们我的画是不是叫他们害怕。

他们回答我说："一顶帽子有什么可怕的？"

我画的不是帽子，是一条巨蟒在消化着一头大象。于是我又把巨蟒肚子里的情况画了出来，以便让大人们能够看懂。这些大人总是需要解释。我的第二号作品是这样的：

大人们劝我把这些画着开着肚皮的，或闭上肚皮的蟒蛇的图画放在一边，还是把兴趣放在地理、历史、算术、语法上。就这样，在六岁的那年，我就放弃了

当画家这一美好的职业。我的第一号、第二号作品的不成功，使我泄了气。这些大人们，靠他们自己什么也弄不懂，还得老是不断地给他们作解释。这真叫孩子们腻味。

因为大人看不懂"他"的画，泄气的孩子最终决定不再画画了。

艺术是个人经验和自我外化的一种形式，是可视的思想和感情的投射。想了解孩子在想些什么，就陪他一起画画，不要去下定义，请孩子自己讲。然而你会在画中发现很多隐藏的信息，这些信息，孩子平时可能想不起来或者不知道怎么告诉大人。信息中有些是有趣的，有些则会提示孩子目前存在危险的思想行为。

◀Ⅱ 画画给孩子的修复力

　　做父母的要了解孩子的性格。比如Hima是高敏感性格，从她幼儿园起，我就发现她容易被小事牵绊心情，如果遇到了一点点不开心的事，就会整天郁郁寡欢，这该怎么疏导呢？跟这么小的孩子讲人生道理显然是没用的，我就要想办法转移她的注意力，从其他地方发现和获得乐趣，比如踢踢球、骑骑车、玩玩具等。可兴高采烈地玩好了回来，又想起那件不开心的事了，这时我就建议她画画。事实证明，对于Hima而言，画画是非常有效的宣泄方式，她会很快把这件困扰她的事画出来，继而我会跟她聊这件事，之后她才感到如释重负。把困扰你的事情留在纸上，它就不会继续占据你的心。

　　刚上幼儿园中班的时候，Hima开始渴望交朋友，想交朋友，她不懂怎么开口去交流，只会傻傻地站在其他小朋友边上，人家不带她玩她又很失落。那段时间，她回家后就不停地画幼儿园里的小朋友，一个一个拉着手，这个是洋洋，这个是多多，那个是莎莎。我问她："那你在哪儿呢？"她在画面的右上角画了一个远远站着的小人，指指那个，说就是她。我告诉她，试着把自己画进去，看看会是什么样。她想了想，开始画第二张画，这张画她画得很用心，画里有她和小朋友们一起玩。她把这幅画命名为《又来了一个朋友》，眼睛里充满了光芒。我鼓

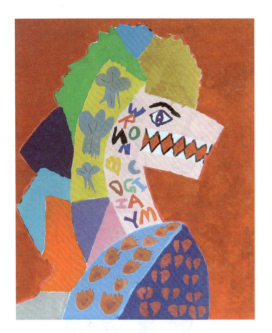

《生气的女人》布面丙烯 Hima 5岁

励她，这幅画的场景很美，你可以试着像画一样去加入小朋友们的队伍里呀。第二天，我和老师也做了交流，在老师的引导下，她学会了怎样清楚地表达"我想和你做好朋友"，朋友们接纳了她，她终于有了一群小伙伴，画在纸上的幻想成真了。至此，Hima更喜欢把自己的日常画下来，无论是画当下的烦恼，还是画对未来的期待，都是对自己情绪的梳理和重建。

当她被冤枉做了错事，自己却说不清楚，感到又生气又委屈时，她画出了这幅《生气的女人》。"一个人气得头上都冒烟了，头发也竖起来了，她伤心得心都破碎了，肚子里有好多火，她想说好多好多的话，但被气得说不出来，都卡在了嗓子眼里，就像我现在一样"。这幅画上有着强烈的情绪宣泄，因此格外生动和富有张力。

在Hima上了小学一年级的时候，总是被两个男同学嘲笑，而且每天都有新的项目戏弄她和欺负她，长达两个月，使得本来非常喜欢学校的她都不想去上学了，后来，我们一起想了很多办法去应对。她在经历这件事之后，自己创作了一本英文绘本《Don't Bully Me》，把被欺负的事情从头到尾画了下来。

本来上学是最开心的事，我很喜欢学校！但是，我开始被两个男孩嘲笑和欺负，而且没完没了，故事是这样的……

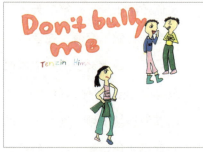

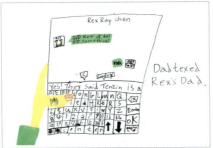

I thought I'd fight back.
The next day I told them loudly that was wrong.
Then, I told my teacher.
Then, I went home and told my Dad that rex and his brother had kicked me down in the hallway.
SPLASH
Splash!
Rex Ray chen
DiD Rex or Ray DiD something?
no
Yes! They said Tenzin is a
Dad texed Rex's Dad.
One day, I went back to school feeling braver.
All my friends Came to support me!
If you get bulied at School
First, Fight back
Second, tell parents, teachers
Third say "I Don't care!"
Rally Your friends!
Never be afraid.
because it's Your School.
it is your class and
You can entoy your School!

这本绘本画得十分细致，不仅描绘出了所有人物的表情和特点，甚至还原了教室内的所有陈设和布置，还连"我爸爸给对方的爸爸发微信告诉这件事"都画出了有模有样的微信聊天界面，一个大拇指正在输入打字。在书的结尾，她总结了面对校园霸凌的心得："如果你遇到了霸凌，首先，反击；第二，告诉家长和老师；第三，告诉对方和自己，我不在乎你。团结自己的朋友，寻找支援。记住，最重要的是永远不要恐惧。这是你的学校，你的班级，别把地盘让给欺负人的孩子。"

也许以后Hima在学校里还会遇到此类的事件，长大以后也难免会碰见不讲理的人，但是有了一年级时这本自己撰写的"宝典"，相信她不会那么容易被打倒。画画，给她勇气。

鼓励孩子把不开心的事画下来，鼓励孩子把期望的事画下来，鼓励孩子画日记画，都是心理疏导和疗愈的好方法。在这个环节里，家长需要懂技法吗？需要懂美术吗？都不需要，你只需要耐心和陪伴就足够了。

画画如何疗愈人心？

世界上有许多著名画家饱受疾病的困扰，例如弗里达·卡罗，18岁遭遇车祸，一生接受了30多次手术，丈夫又出轨自己的妹妹。她的身体和内心始终处于备受煎熬的状态，画画就成了她表达情感和转移痛苦的途径。

在杰作《两个弗里达》中，手拉手坐在长凳上的两个"弗里达"精准表现了她矛盾又相融的复杂感情：穿着墨西哥传统服饰的"她"手里拿着丈夫的画像，另一个"她"穿着欧洲样式的裙子，手里拿着手术钳，剪断了自己的静脉，鲜血不断流淌。但两人的心脏相连，双手相握。

那个更欧化的弗里达形象被一颗暴露的心脏所削弱，这颗心因为她失去爱情而被撕裂和流血。弗里达用这样的画来表达自己肉体与心灵的伤痛，以及纠缠不清和难以舍断的感情。弗里达有很多这样的画作，在创作的时候，她全情投入，将暴风骤雨一样的情感倾注在画布上，她精神上和身体上的痛苦就会

《两个弗里达》弗里达·卡罗

暂时被忘却。而当一幅作品完成时，创作的成就感也会填补内心的缺失，令弗里达不断获得对自我的肯定。这个过程，几乎所有经历过伤病、战争、灾难的艺术家都体验过。

画画带来的疗愈不仅仅适用于大艺术家，普通人从中受益的更不在少数。美国的伊丽莎白·莱顿是一位患有三十年躁郁症且无法治愈的平凡老人。在她67岁时，不幸遭遇了丧子之痛，她的儿子永远离开了她，这灭顶之灾更加剧了她的病情。在妹妹的建议下，她参加了绘画班，以此来打发时间。但是，莱顿奶奶毫无基础，不知从何下手的时候老师建议她画自己，于是，她尝试着画了一系列的自己，画出了自己的每一条皱纹，每一块老年斑，每一丝岁月和不幸留在自己脸上的印记。在她质朴的画里，孤独、衰老，以及躁郁症带来的痛苦，体现得淋漓尽致，直击人心。她的画开始引发社会对于老年人生活方式的关注，也令她自己的心情逐渐趋于安宁。

莱顿奶奶认为，绘画让她渐渐康复起来，解读作品的意义更是让她表达了内心，宣泄出积压已久的痛苦。她把深藏在心底无法与人诉说的一切，全部倾泻出来，灌注在绘画的内容和意义中。从此，莱顿奶奶开始关注生活，分享生活和故事。她还和艺术家、艺术治疗师进行交流合作，对艺术治疗、情绪治疗也做出了积极的贡献。

画画也不止于描绘现实的痛楚。一位经历了战争的波兰儿童内莉·托尔在那段充满恐惧的时间画了大量美好宁静的画。她在回忆录中写道，绘画为她选择逃离现实、进入幻想的世界提供了出路。她画了60多幅水彩画，写出许多美丽童话。艺术的魔力使她成为虚幻世界的一部分，她的纸上填满了五颜六色的花朵、蓝天、相爱的人们和无忧无虑正在忙碌生活的儿童。绘画不仅是痛苦和危机的一面镜子，也是逃离恐惧、寄托希望的一条路，唯有希望存在，人才能有勇气在困苦的环境里坚持活下去。

因此，经历过飓风和地震的孩子会画出格外坚固的房子，他们期望以后的家永远不再被摧毁。捷克斯洛伐克的一所集中营中保存了四千多张集中营儿童的画作，这些画里虽然有许多是记录集中营生活场景的，但出人意料的是，孩子们更多是画了小鸟、蝴蝶、小狗、回忆中家庭的生活、想象中远方的风景等代表美好的事物。人类拥有强大的生命力与康复力，画画对于遭受不幸的儿童是一片寄托希望的乐土，画画能为自己营造一个安全岛，也能为自己和他人带来一种积极的世界观。无论2岁还是90岁，画画可以承载你的一切心事，在废墟里重建信心和勾画明天。

还有什么比画画更好的呢？

第九章

不会画画的妈妈
也能陪孩子画画

孩子画画不是教出来的，是陪出来的，不会画画的妈妈完全可以陪孩子一点一点画画。就我而言，陪孩子画画是和孩子在一起时最轻松的事。在这个过程中，作为成年人，你自己的思维在不断打开，审美和知识面也都在提升，你会去了解以前不知道的东西。我喜欢这种和孩子一起成长的感觉。

如果不报班，妈妈应该怎样在家引导孩子画画呢？

《火力全开奥运会》Hima 8岁

◀▌▌ 善用互联网丰富的资源

　　有一次拜访一位音乐家，他谈起自己小时候在小县城学琴经历。县城里只有一位业余钢琴老师，学生弹的曲子老师有时也不知道对不对，想找正确示范也找不到，只能辗转托人去省城找水平高一点的钢琴老师，并且还要坐十几个小时的火车。后来为了求学，都要这样坐火车辛苦地去省城，一直到大学去了北京。反观现在的孩子，一首曲子不知道怎么弹，上网一搜，从世界顶级大师到各种老师、琴童的演奏，还有详细的讲解，什么资源都有。这位音乐家再回顾小时候翻山越岭上课的情景时，感慨得流出了泪来。

　　感谢互联网时代，现在只要你想学，一搜索，相关的内容俯拾即是。各种专业人士开通了自媒体账号，展示自己的作品，演示创作过程，解析艺术作品，分享工作中的状态。网上的艺术教程也浩如烟海，你可以看到列宾美术学院的教授教人画油画，同一时间，一个自学成才的乡村油漆工也在教人画画，后者可能还更受人欢迎。在现实中，大画家、大艺术家离我们遥不可及，他们上课的费用也不是一般家庭可以负担起的，但是在网络上我们却有机会与他们互动，向他们请教，还能向他们展示我们的作品。互联网给了我们普通人广阔的学习机会，我们可以坐在舒适的家里，自由、免费地学习想学的东西。

　　举个例子，如果你想画一只猫，当你在B站搜索"画一只猫"，会跳出很多个结果。有人教你画一只写实的猫，有人用iPad画一只卡通的猫，有人用马克笔画猫，有人用油画棒、炭笔、水彩等工具画猫。有人画的是抽象的猫，有人画的是国画的猫。有人用Cat这个英文单词画出一只猫，有人用数字6画出一只猫，有人用沙子画猫，有人用AI画猫，有人能用脚画猫！每位视频主都做了极其详尽的分步演示，为了让自己的视频脱颖而出，有人不惜把自己压箱底的绝活也亮出来了。只要你愿意，仅一个网站上的资源就足以让你掌握两种以上画猫方法。

　　因此，免费的互联网资源就可以帮孩子找到想学的东西。但是请不要图省事把这些工作交给低龄段的孩子，搜索和把关必须是家长的责任。

　　这个时代，信息搜集能力和信息筛选能力是合格家长的必备技能，无论线上还是线下，面对多到爆炸的选项家长一定要做到心怀热情，而头脑冷静。我基本上会关注、收集三类视频：

　　第一种是画家、插画师、手工艺者、策展人的个人频道，用来观察专业人士的生活，了解搞艺术的人每天都在干什么，以及学习他们分享出来的创作心得。能做自媒体的专业人士都是思维非常活跃的人，视频更新很快，而且内容也都很有创意，孩子很容易看得津津有味。

　　第二种是摄影作品、设计类素材的专栏，用以审美欣赏、开阔思路、拓宽视野。好的摄影作品能带来震慑人心的巨大力量，无论是人文纪实的题材还是自然风光的大片，在给人带来视觉享受的同时还能引发思考。每年的荷赛世界新闻摄影大赛和《国家地理》年度图片奖发布，我都会找来欣赏，选取合适的作品和孩子一起讨论，去了解背后的故事，在提升了审美的同时也能增长知识。

设计类的素材包括不同风格的插画、房屋的内饰、世界各地有特点的服装等，你能看到独特的花纹、线条、色块和搭配，在画画灵感匮乏时提供丰富的细节思路。

第三种是美术教育工作者、艺术机构和富有经验的家长发布的内容，他们是直接和孩子产生关联的人。美术教育工作者和艺术机构会发表一些教育现状与趋势的观察，会提供直接的美术教育方法，会发布系统的付费课程。有经验的家长会经常发一些自己孩子的作品，分享孩子的成长过程和教育心得。这些视频都能更直观地了解如何陪孩子学习艺术，收获颇丰。但是，这一部分最容易看懂也最容易产生焦虑，你时常能看到"这样画画孩子就毁了""警惕！孩子画画的十大误区"这类的标题，点进去看内容，大多数是在胡说八道。在艺术教育上，应该是百家争鸣、观点不一，家长不必被一种说法"绑架"，选择你认同的部分吸取即可，不用全盘吸收。当你看到网上极其优异的孩子，也不要焦虑，更不要拿来和自己的孩子比。镜头里的事物始终是虚的，自己的生活才是真的。

◀❙❙ 利用身边的艺术学习资源

　　艺术不仅存在于舞台和美术馆，我们的日常生活，就是创造艺术的最佳场所。我们日常中有许多学习资源，稍加留心就可以获得。

　　家长可以多关注本地省市图书馆、儿童图书馆的官方通告，经常有名家的讲座和儿童故事会，质量都非常高，而且免费，只是要提前报名。许多书店也会有新书宣传、亲子活动等形式多样的项目。

　　本地的群众艺术馆通常会开设关于青少年艺术、体育素养的体验课程，这些课程和市民夜校一样属于政府补贴项目，收费比商业培训机构要低廉，周期也不长，适合兴趣启蒙。街道、社区的文化中心也经常会举办面向孩子的手工活动、艺术普及课，都是免费的，离家还近，作为周末遛娃是很好的选择。

为孩子选择观看高水准的电影和纪录片

电影是一门可以容纳戏剧、摄影、绘画、音乐、舞蹈、文字等多种艺术的综合体，有超强的艺术表现力。孩子在看电影的过程中，潜移默化地接受了电影中的美学，审美会得以提高。电影使我们脱离了现实生活的局限，让孩子体会不同的人生，并启蒙孩子的世界观和人生观。

《博物馆奇妙夜》

纽约自然历史博物馆里的文物们都复活了会是什么景象？看完这部电影后，Hima对博物馆产生了浓厚的兴趣。

《寻梦环游记》

影片中小男孩米格在亡灵节上的冒险之旅用大量浓厚的视觉符号表现绚丽的墨西哥文化，探讨了死亡与遗忘的意义，是对孩子非常好的生命教育。

《二分之一魔法》

两位精灵兄弟企图复活父亲一天，但却只成功复原了父亲的一半儿。为了能将父亲完整带回，兄弟俩带着父亲的半截身子踏上了限时24小时的魔法冒险。这是一部能让孩子珍惜当下，珍惜身边爱你和你爱的人的温情电影。

《头脑特工队》

这部动画将抽象的情绪具体化，用五个鲜活的小人向我们展现了当情绪发生时，我们的头脑里在发生着什么。电影让孩子了解了情绪是如何产生和影响的，也告诉孩子每一种情绪都有其存在的价值，只要我们能够接纳自己的所有情感，就能找到内心的平衡和力量。

《玩具总动员》

这是一部永远不会过时的电影，它成功开创了世界上最早的电脑三维动画，从此改变了动画的历史，而且四部都非常好看。影片中以一群玩具的视角探讨了友情、成长、别离和拥有与被拥有之间的关系。这不仅仅是一部专为儿童制作的动画电影，更是一部触动所有人的作品，电影让人们回忆起自己童年时的玩具和友情，也让孩子们思考成长和珍惜的意义。

《查理和巧克力工厂》

影片讲述了一个贫困小男孩查理·巴克特踏上了一个冒险之旅，来到神秘的大亨威利经营的巧克力工厂的故事。电影充满了令人印象深刻的艺术元素，导演创造了一个充满强烈对比的世界，从巧克力瀑布到巨大的巧克力螺旋梯，每个场景都充满想象力。

《雄狮少年》

影片以中国民俗"广东醒狮"为主要元素，讲述了岭南留守少年阿娟与好友阿猫、阿狗组成舞狮队参加舞狮大赛的故事。这是一部少见的国产现实主义动画电影，讲留守少年追寻梦想的故事，热血且励志。影片中醒狮、木棉花、祠堂、咸鱼铺等充满地域特色的元素丰盈地展现了岭南文化和乡土风貌。这部电影可以让孩子了解中国文化，感知不同人生的酸甜苦辣。

能给孩子进行艺术启蒙的纪录片也很多：

《啊！设计》

这是NHK的一档经典设计类节目，面向儿童，视角独特，充满启发。

《奇趣美术馆》

这是由法国著名喜剧演员为世界名画带来的全新演绎，在正经且不乏搞笑的台词和表演中科普作品和画家的相关信息，展现名画背后的奇闻逸事，解答观众的疑惑。

《现代艺术大师》

这是一部来自BBC的纪录片，短短四集内容介绍了20世纪的四位重要的艺术大师安迪·沃霍尔、亨利·马蒂斯、巴勃罗·毕加索和萨尔瓦多·达利。

《如果国宝会说话》

该片通过每集5分钟的时间讲述一件文物，介绍国宝背后的故事。

◢◗ 一年看一场现场演出

　　三岁到六岁的孩子可以去看专门为低幼儿童制作的亲子剧、儿童剧、木偶剧，太小的孩子不建议去严肃的音乐会，因为剧场的规定是谢绝一米二以下的儿童进入。七岁以上的孩子可以走进剧场，欣赏真正的交响音乐会、舞剧了。音乐会及现场演

《剧院魅影与波点钢琴》 Hima 5岁

　　剧院里正在上演《剧院魅影》，克里斯汀在台上唱歌，魅影在高处的角落里看着她。舞台上有华丽的水晶灯，钢琴家正在演奏一架漂亮的波点钢琴。台下的观众，有的感动哭了，有的在鼓掌，有的看睡着了。吵闹的宝宝也进来看，却被观众指责。此时只有穿西装的那个观众一脸不高兴，因为他是克里斯汀的老师，他发现她唱错音了。

出的感受是身临其境的，能够呈现出艺术家的真实情感和表演技巧。通过现场的表演，孩子们可以直观地感受到音乐的旋律、节奏、音色等要素，更深入地理解音乐的美。这种美的体验不仅限于音乐本身，还包括表演者的技巧、舞台设计、灯光效果等多个方面，这些都能为孩子们提供丰富的审美体验。在现场演出中，孩子们需要专注地欣赏音乐，感受表演者的情感变化，这有助于培养他们的专注力。同时，音乐也能激发他们的想象力，让他们在音乐的世界中自由驰骋，创造出属于自己的故事和情感。

◀‖ 陪伴画画时千万不要做的事

不要示范

　　孩子想画一辆汽车，但是不知道该怎么画时，家长就会有"我画一个小汽车给你看"的想法。如果你给他示范了，他就会形成一个认识：小汽车就得这么画，不再有自己的想法。而事实上，每个孩子心里的小汽车都是不一样的。在一次讲座上我提问在场的小朋友关于这个问题，孩子们积极地给出了富有创造力的答案：有的孩子觉得小汽车是可以变身的；有的孩子的小汽车是为公主设计的，上面还有一把粉色的伞；有的孩子想要乌龟形状的小汽车，"因为我很害羞，开车的时候别人不会看见我"；有的小朋友认为可以有五十层楼高的房车，整个小区能开来开去到处玩。如果这些构想能被孩子画出来，该是多么精彩！而大人的四个轮子一个车厢的画法，对比之下是那么乏味无聊。

不要干涉

　　"这只兔子为什么是绿色的呢？自然界没有绿色兔子呀""为什么画面全是黑白的，你不打算加点颜色吗？""百兽之王应该是狮子不是老鼠，你不该让老鼠坐在宝座上"。成年人的思维已经被定式，你认为的常识在孩子无拘无束的畅想里变成了扫兴。只要不是科学挂图，孩子想要用什么颜色就用什么颜色，他的世界里想封谁为王就封谁为王。画画不千篇一律，就是最好的作品。

不要修改

　　家长觉得孩子画得实在离谱，索性自己上手帮忙修改。这个行为等于告诉他"你画错了"，孩子会觉得困惑、不自信、羞愧、懊丧，进而不想画了。道理和前面两项一样：孩子眼中看到的事物和大人看到的不一样；同一个孩子，5岁和7岁对同一件事物的感受也不一样；不同文化背景、成长环境的孩子看待同一件事物的想法也不一样。比如老师示范的苹果是红色的，但是一个孩子站出来说苹果是黄色的，因为他家里就是种苹果的，品种是香蕉一样黄的黄元帅苹果；当听到"牛粪"这个词时，城市里的孩子第一反应是脏和臭，但牧区的孩子就会联想到清洁和温暖；当4岁的女孩对《冰雪奇缘》里的艾莎充满痴迷时，9岁的女孩已经因为觉得幼稚而嫌弃了。如果大人告诉孩子"改成我这样的才对"，那么孩子会惊慌"原来我看到的和大人看到的不一样"，继而接受"不一样就是错"的概念。当这种概念根深蒂固后便只有两种结果：一种是不想画了，另一种就是迎合大人的喜好，只画成人认知内的画，抛弃了自己的想法。这真的让人感到遗憾。

不要否定

三四岁的孩子不会说"我不会画"，他们争先恐后地拿起画笔，自信地画出各种图案。但八九岁以后，说"我不会画"的孩子越来越多了，都是因为在画画中受到太多次否定。

"这么大张纸，你怎么把人画得这么小啊？""你看颜色全涂出去了，画面全脏了""太阳在天上啊，怎么画在地下面啦？""比例不对呀"。刚刚开始画画的孩子，他们的自信还很脆弱，这样直接的批评对小画家是致命的，他们刚刚萌芽的信心会被马上摧毁。假如你想让他在人体的比例方面有所改进，你可以用温和的方式让他认识比例是什么。先给站立的孩子拍一个全身照，然后在照片上用一颗扣子或橡皮来比各部位的长度，头占几粒扣子，身体占几粒扣子，腿占几粒扣子，小画家本人就会对身体比例有一个大致了解了。至于最后决定修改还是维持原作，都由他决定。

家长必须树立一个观念：孩子的画没有不好的。

同样两个孩子，A孩子画的是黑色的线条，B孩子则涂满了各种颜色，不能说明B画得比A好。艺术的评价方法本来就是多元的，何况**孩子的画是表达的手段，赏心悦目不是孩子的画应该承担的义务**。

只要孩子积极地表达了自己的想法，哪怕这幅画只有一些线条，也是一幅好作品。反之，儿童为了应付大人，揣测成年人的期待而完成的画，是很容易被看出来的。

扔掉"挫折教育"和"逆商教育"

有些家长喜欢动不动给孩子吃点苦，美其名曰：不早早吃点苦以后就有更大的苦。这真是一个奇怪的思维。就好比一个人在愉快地吃着香甜的冰激凌，突然想到下一口我得吃口难吃的，不能让吃冰激凌的感觉这么愉快。在大多数情况下，挫折教育也未必奏效。

还有一种观点是如果孩子小时候一直生活在温暖和鼓励中，长大了直面社会就会遭到没经历过的"毒打"，所以家长教育孩子要从小就开始敲打，以适应将来的残酷。我想说，如果注定长大以后都是苦日子，那不是更应该在小时候给孩子一段美好的日子吗？为什么要刻意让他苦一辈子呀？再说，长大以后遇到挫折和痛苦本来就是正常的，但是有一个温暖快乐的童年打底，只会使他在面对困难的时候更加乐观和勇敢，因为有小时候家长的鼓励和信任，他也更确信自己能跨过难关，不会轻易被打败。

只有被肯定的感觉才能让人想继续做这件事。我国著名教育家陈鹤琴先生就提出过"积极的鼓励胜于消极的制裁"，而现在是21世纪了，更不该信奉打击教育了。有的家长问："我觉得孩子画得不好看，夸不出口怎么办？"请问你是要现在让他拿这幅画去考大学还是送去佳士得拍卖？画画作为兴趣，最大的优势就是没有标准，无需比较，这才足够让孩子放松，与此同时，大人也要放松自己的心态，不要设置任何期待。

大人很害怕孩子骄傲自满，觉得必须不断"鞭策"才能进步，在别的学科门类上也许没错，但是在小孩画画上完全没必要，就是要让孩子觉得"我画画超厉害"，这样才能让他愿意持续画下去。你也不必担心孩子会一直沉迷在自己的舒适区，只要他愿意一直画下去，他会关注外界和艺术有关的信息，也会关注同龄人的画，他会自己产生超越他人和超越自己的欲望，并为之努力。

给予孩子积极的期待

1968年，美国心理学家罗森塔尔和吉布森做了一个著名试验。他们在一所小学的一至六年级各选三个班的学生进行所谓"预测未来发展的测验"，然后把这些名单交给老师们，告诉教师说："经过我们测验，这些孩子将来大有发展前途。"实际上这些学生是随机抽取的。结果八个月后，对这些学生进行智能测验，发现名单上的学生成绩确实进步了，教师也给了他们好的品行评语。

罗森塔尔认为这个结果是因为教师接受了"权威谎言的暗示"，对名单上的学生态度发生了变化，产生了偏爱心理和情感，从而对学生的心理与行为产生了直接影响，并促进了预期期望效果的达成。

父母和教师对孩子的期望会决定他们对待孩子的态度和教育方式，而这些会对孩子各方面的发展造成直接的影响。所以请相信自己的孩子，给予他们积极的期待。

◀|| 陪伴画画时必须做的事

作为家长，我们要做的就是热情鼓励，不吝赞美。当然，鼓励也要有艺术。

具体的鼓励

不要笼统地说"你真棒！你真聪明"或者"你画得真好"，而是仔细观察孩子的画后就具体的细节反馈感受。例如"我太喜欢这双翅膀了，真的有飞起来的感觉呢""你居然能想到用这两种颜色搭配，真是天才的创意""这个娃娃的眼神画得真生动""这里的线条真有力量"。具体地鼓励，孩子会感觉到作品被认真地关注了，他会确信你的赞美是真心的。

说出自己的感受

孩子的画给你一种什么样的感觉，好玩？严肃？紧张？舒缓？你可以用几个形容词和一些比喻来说出你的感受。例如"这幅画让我有一种在春天被暖暖的风吹过脸庞的感觉，很舒服，很有生机"。你的评价是孩子学习艺术评论的好机会，这也是丰富孩子语文能力的最佳训练。

如果结果不尽如人意，就高度肯定过程

孩子不小心打翻了水杯，把画全弄湿了；涂颜色把所有的构图全盖住了；想画一个美人结果画得很丑……这都是常有的事。这时候就肯定他在创作过程中的创意、耐心，以及处理问题时的冷静，并不要对作品流露出太多惋惜之情。当孩子获知在画画时"搞砸了"也没关系，他就会没有负担地放手继续，不会畏首畏尾。

提供可供浪费的时间

在孩子做自己喜欢的事的时候，不要提醒和打断。不管是成年艺术家还是小孩子，一旦进入创作的过程就得保持连续性，一旦抽离再进入这个状态就需要很长时间，甚至有可能回不去了。家长如果为孩子制定学习和玩乐的时间计划表，可以留一些灵活空间，不必像士兵一样严格执行。

比如"每天跳绳十分钟"是一个可执行的任务，但是"每天画画十分钟"就没有可行性，因为十分钟对于爱画画的小孩太短，很可能还没想好画什么十分钟就过去了。如果今天孩子忽然想画，兴致勃勃地画了好久，那其他的安排都可以取消，因此计划就不能排太满。

Hima在练习钢琴的时候，常常会突发灵感，自己"作曲"，发明自己觉得好听的旋律，还煞有介事地把谱子写出来，

乐此不疲。她"作曲"的劲头大于练习老师布置的曲子，一作能作好久，看起来是瞎玩，该练的作业没有好好练，浪费了时间，但是我觉得很欣慰，绝不制止，因为她的举动就是热爱音乐的体现，不管弹得怎么样，她此刻从钢琴里获得了乐趣，这就是我期望的样子。

艺术赋予人宝贵的一点就是"松弛感"，因此不要过得那么"特种兵"，每天给孩子留一点可供"浪费"的时间，一点计划外的时间，是紧张的学习生活中不能缺少的润滑剂。

◢◼ 为孩子办一个画展

办一场个人画展，是每个画家的梦想。在Hima六岁时，很幸运地被邀请举办了自己的画展，她的个人画展是由国内顶尖的沉浸式展览运营商零卡文化策划的，场地由上海一流的室内设计画廊Lumos赞助，整个策展过程都非常专业，我观察其中，学到了很多知识。其实，即使没有专业的团队，如果你想为爱画画的孩子办一个小型画展，是可以做到的。

收集孩子的画

家长和孩子一起挑选画得最棒的作品，拍下高像素的照片，或者扫描保存，留作设计用。

把纸画拿去装裱

太复杂的画框喧宾夺主，华丽的画框显得老气，统一用白色或原木色的简单画框就好。或者更轻巧的方法，用卡纸相框来装裱，不用去装裱店，自己就可以装。

找一个场地

场地是最重要的，也是我们最犯愁的，毕竟要进入画廊和美术馆办展览不是容易的事。那我们可以打开思路，不一定要选择那么专业的场地，而是找到一个"你认识的人都能来"的场地。

小区的会所是一个好主意。小区通常有一块公共的室内活动空间，大的可能非常豪华，小的至少也有一两个会议室的面积。找物业借用，基本不用场地费。选择小区会所的好处是邻居、同学来参观都很方便；材料的布置和搬运也省时省力，熟悉的保安、热心的邻居都能搭把手，还都是效果很好的宣传人员。

有氛围感的咖啡馆、小店也是不错的选择。发动你的朋友圈，想想你有没有认识那么一两个精致的咖啡馆、小书店、酒店的老板？或者有没有你经常去，觉得氛围特别好的空间？去跟对方谈谈，花一点钱，租借他们的场地。开门做生意需要客流，你的画展会带来新的客人，对他们的店也是很好的宣传。

家就是画展的好场地。为什么不能在家办一个画展呢？在家办画展的好处是方便、安全、不设期限。客厅作为主要展示区，书房、儿童房、走廊都可以依据房间本来的陈设来布画。如果孩子的生日与画展时间有重叠，还当以把生日当天作为画展的开幕式，不定期邀请朋友来玩。

给画展起一个名字

依据这些画的题材和特点还有小画家本人的想法，选定一个主题，拟定一个响亮又特别的名字。例如画家是陈喵喵小朋友，她画了很多作品都是有关梦境的画，那这个画展可以叫"陈喵喵梦游仙境"。

确定策展思路

画展上的画可不是随便摆出来就行了，要有一个依据。比如你想以作品的时间为顺序还是以作品的类别为顺序？整个空间分成几块内容？展览的动线是什么？怎样让观众看得清楚？专业策展人Viva把Hima的画展分成四个部分：想象的世界、生活的世界、思考的世界、神圣的世界，另外设置了手稿展示区、影像区和休息区，同时因地制宜，根据场地的原有情况布置陈列。别忘了每幅作品都要有个展签，写上名字和介绍。

布置画展

一般来说，挂画用到的是墙面、挂画绳、钉子，轻便的画可以用无痕胶贴。我们可以根据场地的情况决定，墙面不够的话，就要借助展板、画架。在灯光方面，场地有近似于画廊的轨道灯是最好的，如果没有，要想办法找到合适的光源，以便让画作呈现出被观赏的最好状态。

设计一张海报

由小画家自己来设计，海报上的元素可以是本次展览最精彩的一幅画，在最醒目的地方写上标题，注明画展的时间、地点和联系方式。

大肆宣传你的画展

现在一切就绪，需要打广告了。小画家最希望谁来看？爸爸妈妈的朋友里，谁会想来？其他班的同学或者陌生人有来的吗？你可以把海报做成邀请函，打印出来，上学的时候把它们分发出去。也可以让爸爸妈妈发到社交媒体上，并拜托朋友们转发这个消息。

准备一场盛大的开幕式

准备一张长桌，订购一些造型可爱的纸杯蛋糕、受欢迎的甜品和小食、漂亮的杯子，以及孩子们喜欢的饮料和大人们爱喝的酒。热情欢迎每个来参观画展的朋友吧！记得多拍一些照片记录下这难忘的一天。

第十章

这些名画，我也能画

第一口就要吃好的

我们养育小孩子，必然是希望他们吃得营养，每日三餐会精心准备科学有益的食物，避开垃圾食品，这样孩子的身体才会长得健康结实。美育的熏陶也是如此，你给孩子看的是文艺复兴时期的好东西，幼小的脑子里就会种下经典之美的种子；你给他天天听短视频里的爆款神曲，他的欣赏水准就会是另外一种情况。

小孩子的"第一眼"尤其珍贵，绝不能以为小孩子不懂就胡乱拿些流水线动漫、充满套路的伪儿童画、粗制滥造的简笔画给孩子"启蒙"。未经污染过的孩子是看得懂好东西的，我想欣赏什么，就给孩子欣赏什么，不要有"我觉得小孩就应该看某某某"的思维局限。

第一，不要怕孩子看不懂，欣赏艺术不是以看懂为考量的，大人也不可能做到全都看懂；第二，不必顾虑孩子适不适合看，卢浮宫里有哪幅画是小孩不能看的？没有。世界上绝大多数的经典艺术品小孩都可以看，而且，孩子会有孩子的角度。咱们大人别总是想着给孩子教点儿什么，在美育这件事上，反而是孩子敏锐的感知力常常会令大人惭愧。

我的观点是，在美育启蒙方面，小孩子要看经典作品。

上哪儿看名画?

看展当然是上佳的途径,但是不是每个人都生活在能经常观赏高质量艺术展的地方。如果没有机会去美术馆,我们可以通过买书、上网等途径,一样可以领略名作。

Hima四岁开始和我一起看的《温迪嬷嬷讲述1000幅世界名画》,由英国著名的艺术史研究专家温迪修女编写。看起来是一本厚厚的大书,书里面包含了约500位艺术家的1000幅世界名画,从古代中世纪至近代与当代,从文艺复兴、浪漫主义到波普艺术、印象派等都有。书中并没有很多高深艰涩的名词,只是用了简要的文字介绍每一幅世界艺术史上不朽的名作,很适合艺术爱好者阅读。

Hima翻看这本书的时候还不识字,但她已经被里面的图画深深吸引了,从达·芬奇温柔神秘的《蒙娜丽莎》,到德拉克洛瓦狰狞可怖的《但丁之舟》,孩子为之着迷的题材往往出人意料。这本书里已经夹满了大大小小的书签,标记的全是她感兴趣的画。有的家长担心油画里的裸体会对孩子有不好的影响,或者害怕过于可怕的战争场面会让孩子做噩梦,在这些人类文明的瑰宝面前,这些担心真的是多虑了。

日本有一套书叫《你好,艺术!》,是畅销27年的艺术启蒙绘本,介绍了梵高、莫奈、雷诺阿、毕加索、高更等13位艺术大师，共收录了全世界50座博物馆的165幅经典画作。书中以儿童的视角来介绍名画，类似这样的书也很适合给孩子做艺术启蒙。

除了买书，我们还有一个办法可以足不出户欣赏最高画质的名作，那就是上网登录世界各大博物馆的官网。

现在许多世界顶级的美术馆、博物馆都开通了网上展览，国外的有法国卢浮宫博物馆、美国大都会艺术博物馆、英国大英博物馆等，国内的故宫博物院、敦煌市博物馆、陕西历史博物馆等也都有高清的数字展览。在网上观看展览时，甚至比现场观看还清楚，而且下载高清图时很多都是免费的。

故宫博物院

故宫博物院拥有全国领先的数字建设，进入主页，你可以选择看文物、看古建筑、看展览等。线下的重要展览都集合到线上了，点击"探索—数字文物库"，能看到故宫所有著名的字画、瓷器、青铜器等，家长和孩子在家里就可以欣赏璀璨的中华文明。最值得看的是"探索—名画记"中的"故宫名画记"，里面收藏了三四百幅名画，可以按照藏画、画派、画家、时代卷轴几个维度去看。几十年难得拿出展览一回的《千里江山图》《清明上河图》等名画都在里面，每张画可以放大观看，所有细节尽收眼底。

数字敦煌

敦煌莫高窟的数字敦煌把敦煌的数字复原工作成果慷慨地展示给了全世界。数字敦煌莫高窟分洞窟和壁画两类，洞窟有30个，可以360度全景观看，在线观看要比实地观看的体验还要好，看不清还可以放大观看。众所周知莫高窟的部分洞窟因为保护原因在景区是不开放的，而在线上却是可以看的。网页中还有全面的文字介绍，支持VR眼镜观看，每一个单独的壁画还有高清图片放大展示，不夸张地说，比身临其境的观赏效果还要好。

中国国家博物馆、三星堆博物馆、上海博物馆、陕西历史博物馆都有非常好的网站，如果去这些城市，记得在旅行之前先上网做功课，这样才不会入宝山而空返。

大都会艺术博物馆

国外的博物馆网站最开放的要数大都会艺术博物馆。博物馆采取藏品数字化开放服务，包含约40万件高分辨率且无版权藏品图片，任何人都可以免费下载，因此受到艺术爱好者的热烈欢迎。该网站总的文物图片收录数量已经超过了45万张，使用者可以搜索并免费下载，将素材使用于商业及非商业用途。

芝加哥艺术博物馆

芝加哥艺术博物馆是世界上最古老的艺术博物馆之一，也是当今美国三大美术馆之一，馆内收藏了上下五千年、纵横五大洲的艺术珍品，莫奈、雷诺阿、修拉、梵高等画家的作品尽在其中。

荷兰国立博物馆

荷兰国立博物馆以收藏荷兰"黄金时代"的作品著称，是荷兰最大的博物馆，也是世界十大博物馆之一。它是欧洲第一座纯粹用于博物馆展览而建的建筑，本身就是精美绝伦的艺术品，馆内单就绘画收藏品就超过5000件，其中最为知名的收藏是17世纪荷兰伟大画家伦勃朗的作品《夜巡》。

大英博物馆

大英博物馆是世界上历史最悠久、规模最宏伟的综合性博物馆，也是世界上规模最大、最著名的四大博物馆之一。博物馆收藏了世界各地的许多文物以及很多伟大科学家的手稿，藏品之丰富、种类之繁多，为全世界博物馆所罕见。大英博物馆的33号展厅是专门陈列中国文物的永久性展厅，收藏的中国文物囊括了远古石器、商周青铜器、魏晋石佛经卷、唐宋书画、明清瓷器、大量的敦煌壁画等。

巴黎市博物馆联盟

巴黎市博物馆联盟提供超过10万张藏品图（包含画作、装饰品、雕塑、照片等）可免费商用，这些作品来自其管理的14间博物馆、美术馆及艺术家故居，雨果、伦勃朗、莫奈等大师的作品都可以从这里找到。

梵高博物馆

梵高博物馆位于荷兰阿姆斯特丹，主要收藏荷兰画家梵高及其同时代画家作品。梵高博物馆是全球收藏梵高作品数量最多的一座博物馆，重要馆藏包括《向日葵》《梵高自画像》《盛开的杏花》等。

谷歌艺术计划

谷歌与世界各地博物馆等合作，利用谷歌街景技术拍摄馆内历史名画，提供给用户观看。此数字化平台包括了大都会艺术博物馆、泰特美术馆、白宫、格里菲斯大学、伊斯兰艺术博物馆、香港艺术馆在内的数万件藏品图片，有的图片都能达到几十亿像素。

看名画有一百种方法，不一定要花大钱、出远门，我们完全能拥抱互联网时代给予的便利，享受人类文明智慧的结晶。

◀▌▌ 这些名画，我也能画

　　就欣赏而言，孩子的眼界没有边际。如果想让孩子尝试创作，那些气势磅礴的历史题材、笔触细腻的人物肖像只会令孩子望而生畏。我也不赞成让孩子临摹一模一样的名画，那只会让孩子关注到"我模仿得像不像"。Hima模仿过几次名画后我就建议她不要"照着画"了。

　　Hima也画过梵高的《星空》，画过雷诺阿的《朱莉·马奈画像》，画过维米尔的《戴珍珠耳环的少女》。

　　这些画好吗？是的，很好，这些画被一个五岁的孩子画出

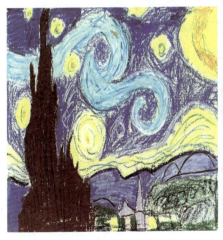

《星空》 Hima 5岁

《戴珍珠耳环的少女》 Hima 5岁

Hima在参观画展后画下的《朱莉·马奈画像》

来，确实有叫大人情不自禁地"哇"出来。但是，这些画有孩子自己的想法吗？没有。所以我认为临摹出一样的画，不是我们欣赏名画的目的。

艺术不是要复制那些看见的，而是要创造出你想别人看见的。

家长要选一些特别能激发孩子创作欲望的名作，让孩子眼前一亮，产生"我也能画"的信心。我给Hima艺术启蒙的时候，有意识地选了以下这些艺术家的作品，我敢保证，孩子们都会喜欢跟随我这样的引导方法，他们会跃跃欲试，完成属于自己的"世界名画"。

和蒙德里安一起画格子

皮特·蒙德里安，荷兰画家，爸爸是喜欢美术的小学校长，叔叔是海牙画派的画家。蒙德里安从八岁就想当画家了，最先画的是写实浪漫的风景画，后来接触到毕加索的立体主义，开始创造自己的抽象画。他以几何图形为绘画的基本元素，与杜斯堡等创立了"风格派"，提倡自己的艺术"新造型主义"。蒙德里安最出名的代表作是红黄蓝三原色的"格子画"。

这些看似简单的格子为何在艺术史上如此重要？因为它提出了一个问题：当画面摆脱了具体的内容之后，美是否依然存在？

以往我们看到的古典派画作画的是具体的人，具体的风景，具体的人和风景当然是美的，那么当画作不再描绘具体的事物时，美还存在吗？蒙德里安尝试去掉了所有具体的描摹，只画出构图，最后发现，构图本身就是美。这就是抽象艺术的妙不可言。他认为艺术应根本脱离自然的外在形式，以表现抽象精神为目的，追求人与神统一的绝对境界，他将这命名为"纯粹抽象"。

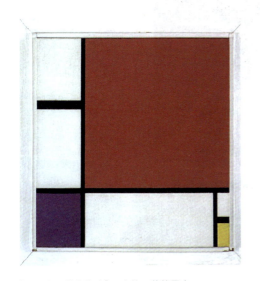

《红、黄、蓝的构成》 皮特·蒙德里安

以他的代表作《红、黄、蓝的构成》为例，是蒙德里安几何抽象风格的代表作。粗重的黑色线条控制着七个大小不同的矩形，形成非常简洁的结构。画面主导是右上方那块鲜亮的红色，不仅面积巨大，且色度极为饱和。左下方的一小块蓝色、右下方的一点点黄色与四块灰白色有效配合，牢牢控制住红色正方形在画面上的平衡。在这里，除了三原色之外，再无其他色彩；除了垂直线和水平线之外，再无其他线条；除了直角与方块，再无其他形状。图形巧妙地被分割与组合，使平面抽象成为一个有节奏、有动感的画面，从而实现了他的几何抽象原则：借由绘画的基本元素直线与直角（水平与垂直）、三原色（红黄蓝）和三个非色素（白、灰、黑）这些有限的图案意义与抽象相互结合，象征构成自然的力量和自然本身。

蒙德里安将整个世界概括成平直的横线和竖线，主要颜色也简化到红黄蓝三种美术中最基本的色彩，对于孩子来说是探索线条和颜色非常好的尝试。让我们一起开始吧！

材料：一张正方形或长方形的画纸，红色、蓝色、黄色、黑色的水粉或丙烯颜料，美纹纸胶带。

准备纸、颜料、胶带等工具

颜色干后撕去美纹纸

步骤1：首先按自己的想法，用美纹纸分割画面，粘贴在画纸上，横的竖的都行，让画面分出几块不同形状的区域。

步骤2：仍然是按自己的想法，把不同的颜色随意地涂在不同的区域里。

步骤3：待颜色干了，撕去美纹纸，最后用黑色的粗笔填满空隙。

看！一幅明快简洁的蒙德里安作品完成啦！

是不是超级简单又有趣？二岁的孩子就可以玩这个创作了，把完成的作品挂在家里的小角落吧，装饰性非常强。

Hima的格子画诞生了

和胡安·米罗一起画鸟

弗洛伊德曾认为，艺术家从现实中脱离出来是因为他无法在现实中满足与生俱来的本能愿望的要求，但是，他找到了一种从幻想的世界中返回现实的方式，那就是借助他特殊的天赋，把他的幻想塑造成一种新的现实。

胡安·米罗就是这样一个人。1895年，他出生于巴塞罗那一个工匠家庭，父亲是金匠，外祖父是木匠。受到家乡西班牙加泰罗尼亚民间艺术以及罗马式教堂壁画的影响，他从小就喜欢画画。他满怀希望地去了巴塞罗那美术学校学习，可是因为性格原因，竟被学校以"罕见的愚钝"为理由开除了，可见学校的评语有时候也不是那么靠谱。

米罗上过班，又生过大病，休养之后还是决定继续学画。他从巴塞罗那来到巴黎，虽然仍是穷得吃不上饭的无名小卒，但是他在这里接触到了达达主义和超现实主义，还认识了西班牙老乡毕加索和作家海明威，毕加索和海明威都非常看好他，买了他的画。米罗开始成为超现实主义的领军人物，可即便如此，他的一生都过得很潦倒，遇到了二战，经历了逃亡，赏识他的人也不多。

米罗最可贵的地方在于他长期生活在困境里，却依然在创作上保持初心。他用梦境作画，用潜意识作画，甚至用饥饿时产生的幻觉作画。他认为"儿童时期的天赋"是最重要的，这也是一个人的高创造力时期，一旦孩子长大，这种能力或许就会消失。因此，他的画像孩子的涂鸦一样充满童真和幻想，又像史前人类

《一天的诞生》 胡安·米罗

在洞穴里的记事符号一样简单而轻快，孩子们欣赏这些画作时，能够与米罗心有灵犀。

比如他最具代表性的作品之一《一天的诞生》，这幅画就有米罗最标志性的小鸟和星星，大块饱和度极高的颜色和果断的线条特别吸引孩子的目光，你仿佛能感觉到眼前有只肚子鼓鼓的小鸟好奇地盯着星星，像极了不肯睡觉的小朋友，星星若隐若现，夜空似幻似真，意境半梦半醒。我们就来尝试一下跟米罗一起画鸟吧！

材料：一张厚一点的纸，一支粗一点的黑色记号笔或马克笔，水彩笔也可以。如果你想要涂色均匀的效果，颜料可以选水粉、丙烯，如果你想要粗粝的质感，就选油画棒。

米罗常用的颜色是大红、柠檬黄、普鲁士蓝和翠绿，我们就选这几种颜色。

步骤1：先构思自己想要什么样的鸟？是一只鸟还是好几只？你的鸟在干什么？它有表情吗？鸟身处在一个什么样的环境里呢？你想和米罗一样加上太阳或星星吗？或者还有什么人物？尽情地想吧！

步骤2：用黑色粗笔画出鸟的线条。

步骤3：从大红、黄色、蓝色和绿色里选一种颜色来填满鸟的身体，画面其他的部分按照你的想法涂上不同的颜色。

步骤4：在涂满颜色的画面上随意加上一点你自创的符号吧。

一幅米罗风格的超现实主义作品完成啦！

Hima的米罗风格作品

Hima画的这只鸟是不是更不一样呢？大胆发挥吧，你可以画得比米罗还棒！

和弗里达一起画自画像

每个画家都画自画像，其中弗里达·卡洛的自画像最富标志性。弗里达一生创作了两百多幅作品，其中有三分之一都是自画像。

弗里达是谁？也许你和孩子看过迪士尼动画电影《寻梦环游记》，弗里达在里面出现过多次，因为她是墨西哥最负盛名的女画家。弗里达的头像出现在墨西哥大街小巷的海报、产品包装、衣服上，她的头像还被印在了墨西哥面值500比索的钱币上，她已经是墨西哥的一种象征。毕加索更是认为，他永远画不出弗里达这么好的自画像。

弗里达的一生可以说历经坎坷。1907年，她在墨西哥的一个小镇出生，6岁，患小儿麻痹，右腿萎缩，从此成了残疾人。18岁，又遭遇了车祸，脊柱、骨盆、腿骨断裂，右腿骨折，一根钢筋插入子宫。22岁，弗里达嫁给了年长她21岁的墨西哥壁画家迭戈·里维拉，然而情感的路上也是一波三折，伤痛不断。弗里达一生做过30多次大小手术，最终还是因为无法医治进行了截肢。就是在这样伤痕累累的人生里，弗里达不停地注视着镜中的自己，将她对生命的体验和疼痛的感受，全部表达在一幅幅自画像里。

《自画像》弗里达·卡洛

来看看弗里达自画像的特点：标志性的两条几乎连在一起的浓眉毛，这是弗里达脸上最明显的地方，令她的表情始终充满忧愁又不失坚毅。毛茸茸的嘴边的"小胡子"，这在传统意义上被视为女性外貌的缺点，然而弗里达决定不再讨好他人，而是坦诚地接纳自己，每一幅自画像都如实地画出了这颇具阳刚的特征。永恒不变的长裙坐姿，是想遮住受伤的腿，经常出现的小猴子，是因为小猴子瘦小无助，也有着浓密的毛发，是自身形象的投射。她的自画像中常有眼泪，常有荆棘，和她艳丽的服装形成强烈的反衬，一个女人的希望与痛苦瞬间从画面中涌出。

我们观察了弗里达的自画像后，该怎么画一幅自己的自画像呢？

材料：镜子，手机或平板电脑，一张画纸，水彩笔、马克笔或油画棒，选自己手边有的。

步骤1：这是整个过程中最关键的一步。先用镜子观察自己的脸，然后请爸爸妈妈为自己拍一张照片，大头照或全身照都行。仔细对比镜子里的自己和照片上的自己有哪些不同？先总结自己大致的轮廓：比如圆脸还是方脸？双眼皮还是单眼皮？掉了几颗牙？发型是什么样的？照片上是什么动作？最重要的是，这是你认识的自己吗？

步骤2：找出自己最大的特点。先看照片，找出自己最标志性的地方，然后采访一下家庭成员或者同学，问一问他们眼中你外形上的特点是什么？注意，他人的意见仅供参考，因为这是自画像，你长什么样，你自己说了算！

步骤3：照片中的你心情是什么样的？你的周围环境有哪些元素可以画进画里去？以《一个×××的小孩》给这幅画起一个名字，你会起什么？

步骤4：好了，有了以上所有的答案，打开手机或平板电脑上的照片，你就可以开始画了！不用有任何犹豫，孩子在动笔的过程中爸爸妈妈可以完全走开，不需要有任何指导，等孩子叫你来看的时候，你一定会有惊喜！

Hima5岁时的自画像

这是Hima五岁时画的自画像，当时她刚刚完成人生第一次芭蕾舞表演，还沉浸在舞台的美妙感觉里。她画的自己盘着丸子头，穿着芭蕾舞裙，正在轻盈地转圈，眼睛里充满了自信，在舞台上光芒四射。

自画像是画家审视自己和理解世界的重要手段。梵高画了四十多幅自画像，伦勃朗画了近百幅自画像，齐白石、徐悲鸿等中国画家也都留下了不少的自画像佳作。对孩子来说，画自画像的过程是对提升观察力、概括力和想象力的绝佳锻炼，是探索自我的好方法，同时，也是一个非常有效的心理疗愈的途径。鼓励孩子画吧，每个孩子都可以拿起笔，为自己画一幅自画像。

和草间弥生一起画南瓜

亮红色的娃娃头，一身艳色的波点裙，草间弥生的形象本身就是她的作品。草间弥生被评为当代最受欢迎的艺术家，她的影响力很早就超出了艺术领域，本人更是在整个时尚界都是被大众疯狂追逐的女王。

这个看起来酷酷的老太太出生在日本长野一个富裕的家庭，却有一个很不幸福的童年。她的父亲出轨不回家，母亲却把怒气撒到草间弥生的身上，因长期得不到父母的疼爱，草间弥生在令人窒息的家庭中逐渐心理扭曲，得了精神疾病。

为了对抗现实生活中的不愉快，草间弥生开始出现幻觉，患上一种叫作神经性视听障碍的病，她的眼前出现了无数圆点。草间弥生把这些圆点看成是来自宇宙和自然的信号，"地球也不过只是百万个圆点中的一个"。她把这些圆点画下来，从此成为她一生重要的灵感来源。

草间弥生最为大众熟悉的就是波点南瓜了，她为什么会迷恋南瓜？原来，在战争时代的日本由于食品不足，南瓜是当地人的主要食粮，所以日本人对南瓜有着特别的感情。草间弥生家里就种了很多南瓜，当她看见这些南瓜时就会有一种亲切感。

《南瓜》　草间弥生

象征平和、安宁、安全感的南瓜，加上密集、迷幻、令人眩晕的波点，二者带来的视觉冲击力令草间弥生的作品风靡了艺术界、时尚界几十年，至今仍有奢侈品牌不断地推出关于南瓜元素的产品。

明黄色的大南瓜，黑色的小圆点，这样可爱的配色哪个小宝贝能视而不见呢？那我们就一起尝试做一个南瓜吧！

材料：彩泥，丙烯马克笔。

步骤1：先观察草间弥生的南瓜的形状和颜色，挑选相近的黄色彩泥并用手捏出南瓜造型，然后待彩泥干燥后用黑色和红色丙烯马克笔在上面画波点。接下来，就要构思自己的原创了。

彩泥《南瓜》的雏形

步骤2：拓展。参考草间弥生对南瓜的特殊感情，想一想你最喜欢的水果是什么？苹果、香蕉……用彩泥捏出它们的形状，用绳子勒出瓜楞，等彩泥干透以后，然后按自己的想法，用丙烯马克笔在上面画上与底色有对比的圆点。Hima想做一堆大大小小的南瓜，这也可以。

步骤3：水果做好了，现在拿一张白卡纸，做一张草间弥生桌布吧，可以有水波纹、裂纹、枝蔓纹，用各种线条来装饰它。

步骤4：再拿一张白卡纸，做一张墙纸，用各种圈圈来装饰它。

步骤5：将"墙纸"与"桌布"粘贴起来，把"南瓜"和"水果"放进去，就完成了一件立体的波点装置作品。点线面的交错，色彩的碰撞，会产生意想不到的观赏效果。

Hima的草间弥生创意版南瓜

这个过程既锻炼了孩子的立体塑形技巧，手部精细动作与力量还得以加强，在创作过程中体会到颜色搭配的乐趣，开拓条纹创作的思路，是一次全面提升美术能力的实践。

和保罗·克利一起画火柴人

保罗·克利生于瑞士，他的爸爸妈妈都是音乐教师，所以他顺理成章地从小学起了小提琴，并且拉得非常好。八岁时奶奶送给他一盒粉笔，他开始喜欢上画画。音乐和画画两种天赋相辅相成，所以他的绘画作品里时常充满一种律动，而流动的线条也成了克利风格里非常重要的标志。他自己认为，绘画就是牵着线条去散步。

保罗·克利年轻时受到象征主义与年轻派风格的影响，后来又受到印象派、立体主义、野兽派和未来派的影响，喜欢画许多个分割的彩色色块。1920年，他任教于在艺术史上有重要影响力的包豪斯学校，认识了康丁斯基等画家，开始探究进一步的艺术风格。他认为儿童能自由表达自己的想法且不受外界影响，因而能够创造出更具创意和独特性的作品，于是他便像儿童一样去画画，画出了一个个看起来十分笨拙的火柴人、悬浮的鱼、月亮脸、眼睛、箭头等元素，还将这些元素组合成奇幻、稚气又无拘无束的画作。当时只要有批评家说他的作品"简直像小孩胡闹画的"，他就十分高兴，因为这正是他想追求的效果，这和毕加索曾认为的他一生都在学习像孩子一样画画拥有同样的内核。

然而，保罗·克利的画真的就像小孩子涂鸦一样简单吗？其实克利的绘画是建立在他的哲学、对自然科学的理解与观察之上的，克利仅仅用几根线就做出了空间的叠压透视和变形效果。他

《植物在沙滩上》 保罗·克利

《想要凋谢的花》 保罗·克利

的寥寥数笔的火柴人具有极富延伸性的线条，看似是孩童的灵动之笔，其实积累了深厚的功力。

2023年，柏林国立博古睿美术馆来到中国办了一次馆藏展，一下子拿出了四十多幅保罗·克利的画。Hima第一次看见保罗·克利的作品，惊讶地说："我在幼儿园画过这种画！"如果克利能听见，他一定会很开心。事实证明，所有的小观众都觉得这种风格的画是"小孩子的画"，那太好了！赶紧来画一个吧！

材料：彩色笔，画纸。

步骤1：在纸上涂出一格一格的小色块，色彩随意搭配，明亮丰富最好。

准备用色块和线条作画

步骤2：用黑色笔在彩色背景上画出火柴人，要想好你画的火柴人正在做什么。

一幅风格鲜明的保罗·克利风格画就完成啦！

Hima画的是跳舞的小人和跳舞的兔子，色彩和线条仿佛让画面产生了流动的旋律，这就是你牵着线条的散步之旅！

Hima的保罗·克利风格画，名叫《跳舞的小人和兔子》

和波洛克一起玩滴流画

看似杂乱无序的线条，甩得到处都是的颜料点子，没有任何主体形象，拿着这样一幅画去参加幼儿园的画画比赛恐怕会落选，然而它却在2016年成为全球拍卖价格最高的绘画作品，价值2亿美金！你敢相信吗？

这幅画出自美国现代艺术历史上最伟大的画家杰克逊·波洛克，他创造了举世闻名的"滴画"，被公认为美国现代绘画摆脱欧洲标准、在国际艺坛建立领导地位的第一人。

1912年，波洛克在美国怀俄明州出生，他的父亲是公路局的土地测量员，并时常在波洛克放假时带他一起测量土地。在跟随父亲东奔西跑测量的过程中，他受到了美国印第安人文化的影响。波洛克是家里的老五，他的两个哥哥都搞了艺术。大哥查尔斯在《洛杉矶时报》工作，同时在奥蒂斯学习艺术，经常寄一些杂志回来，波洛克从童年起就开始接收艺术的信号。

之后，波洛克进入了洛杉矶的一所艺术高中学习，在这里，他接触到了人体写生和陶土人像，有了自己的偶像——墨西哥画家里维拉。1929年，他闯荡纽约，进入纽约艺术学生联盟，学习壁画、石版印刷和雕塑。你看，以"乱画"闻名的波洛克，其实有着深厚而全面的艺术基本功。波洛克的绘画起初是模仿毕加索，同时也加入了康定斯基、马列维奇的抽象思想。当24岁的他第一次在超现实主义展上看见米罗的画，他开始思考符号在作品中的运用，他还原创性地融入了从小喜欢的印第安土著文化元素。大收藏家古根海姆被他的抽象艺术吸引，邀请他为自己的新家画壁画，波洛克运用了覆盖画布的抽象画法，将原始而宽大的线条与整个身体在绘画时的动感相结合。这时候起，波洛克的滴画风格已经初见端倪。此时，他出现了严重的酗酒问题，不得不在医生的建议下接受了荣格分析心理疗法，于是他的作品中又出现了荣格的概念。

你看，**艺术就是一种表达，波洛克、草间弥生、梵高、弗里达，当他们遭遇精神和身体上的伤病时，这些煎熬和痛苦并没有让他们停下创作，而是以绘画的形式表达在了作品中，甚至开创出新的流派。这是杰出艺术家的本能，也是艺术长存于世间的意义。**

1947年后，波洛克进行了大量滴洒绘画的实验。他站在巨大的画布上面，将油漆从罐中倒出，油漆顺着放在罐中的木棍流出，让一条条不间断的线条在画布上形成。或者在铁皮罐的底部钻个洞，滴滴答答地流到画布上，甚至石块、沙子、碎玻璃等材料也会即兴加入。颜料在他舞蹈一样的动作中肆意地泼洒、流

《网之外》 杰克逊·波洛克

淌，一种前所未有的画法诞生了。

　　波洛克真是乱画的吗？有人做了一个实验，把波洛克的一幅作品与另一幅看上去同样杂乱无章的涂鸦之作同时展出，调查哪一幅画更有魅力。在接受调查的120人中，113人选择了波洛克的画。

　　数学家与物理学家们发现，波洛克的画十分符合"分形法则"，这些看似毫无章法的画其实有内在的规律可循。画中的任意一角都是整体的缩小，实现了整体与局部的循环。换句话说，波洛克的画是有序的，美感也由此而来。这种隐藏在混乱之中的秩序感，令人们在欣赏波洛克作品的时候，脑内的"镜像神经元"起了作用，传达了愉悦的信息。

　　波洛克的抽象表现主义是第一个由美国兴起的艺术运动，标志着一个新的时代的到来，在之后的一段时期里，西方现代艺术的中心从巴黎转移到了纽约。

　　现在，我们来玩波洛克的滴流画吧！真的超级简单又好玩！

　　材料：玻璃弹珠，卡纸，丙烯颜料，四个小纸盘，一个可以放进画纸的纸箱子，一首有节奏感的歌。

滴流画的工具

步骤1：挑出四种对比明显的颜色，各挤一点在小纸盘里。

步骤2：把四个玻璃弹球分别放进不同的颜料盘里，让小球充分蘸取颜料。

将沾有颜料的弹珠有节奏地摇晃

步骤3：把卡纸放进纸箱，把沾满颜料的小球丢进纸箱里。

步骤4：捧起纸箱，一边唱歌一边有节奏地摇晃小球，让颜色在纸箱里自由翻滚。这时你能看见四种颜色的线条流淌在纸上，根据你的构想让他们滚动成更丰富的线条。

步骤5：停止摇晃，待颜料干了取出卡纸，找另一张更大的卡纸剪出一个画框并贴上去，一幅波洛克风格的滴流画就做好啦！观察这幅画的线条，是不是也在杂乱中带着节奏感呢？

对于孩子来讲，这是最简单的滴流画创作方法。你也可以先在纸上画几层颜色后再在上面滴颜色；也可以取一张更大的纸，

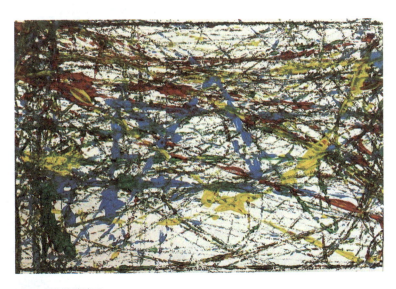
Hima创作的滴流画

放在不怕脏的地面上，用大的挤压瓶或是用底部钻了小洞的饮料罐，装好颜料，随意泼洒。玩法有很多，尽情开启你的脑洞，没准儿你也能开创一个新的流派！

和巴斯奎特一起玩涂鸦

1960年12月22日，让·米歇尔·巴斯奎特出生于纽约的布鲁克林区。他的母亲是有波多黎各血统的黑人，父亲则具有海地血统。巴斯奎特身在一个富裕的中产家庭，他很小就显露出对画画的兴趣，父母也非常支持他。爸爸经常给他买纸买笔，妈妈则经常带他参观博物馆，布鲁克林博物馆、大都会艺术博物馆，一待就是大半天。后来父母离婚，他跟随爸爸生活，进入了一所天主教私立学校，接受良好的教育。藏不住天分的孩子有哪些表现呢？他在踢球受伤住院的日子里，偶然看到医院的解剖书，都会被上面的人体解剖图深深吸引，看得如痴如醉。

后来爸爸工作调动，巴斯奎特也转了几次学。青春期加上接触的孩子群体改变了，他开始频繁离家出走。他认识了涂鸦艺术家阿尔·迪亚兹，一起在曼哈顿墙上泼洒油彩，喷涂鸦。因为逃课太多被学校开除，他便离开家搬出去住，由此结识了更多的音乐人、艺术家。他卖自己拼贴制成的明信片和T恤时恰巧被安迪·沃霍尔买了，从此巴斯奎特便被艺术评论界注意到，他的涂鸦作品开始参加一个又一个展览，随后便拥有了自己的工作室。

23岁时，他成为纽约惠特尼美国艺术博物馆双年展历史上

《无题》 让·米歇尔·巴斯奎特

最年轻的参展艺术家，在白人占主流的艺术圈引起了关注。他当年为遭到不公对待的黑人抗议而作的涂鸦，在近四十年后今天的美国黑人游行中仍被高高举起。巴斯奎特创作了1000多幅画作，超过2000张草稿，他的画作中常常出现众多黑人形象、街头艺人、玩具、卡通漫画人物等，经由剪贴、书写、拼图等多重元素组合建构。

巴斯奎特的画作至今仍是艺术市场上最受欢迎的作品之一，巨商富贾、社会名流等竞相收藏，各大品牌到现在还持续推出巴斯奎特的联名款。在潮流艺术大行其道的今天，巴斯奎特这种街头风格的作品更加受时髦人士的追捧，凡是有巴斯奎特作品展览的地方，必有衣着前卫的时尚男女打卡拍照。

现在我们来分析一下巴斯奎特的创作方法。他作品中黑人头像的重复出现，皇冠、文字、版权字样等符号，形成他独特的视觉语汇。画中不断出现的骷髅、十字架、巨大的牙齿、夸张的表情等都充满了隐喻。画中人物形象有的可以溯源他的偶像拳王阿里或者爵士音乐家查理·帕克，他们都化身为鬼怪或先知，成为他笔下充满力量的"英雄"形象。那些人形骷髅是对达·芬奇的解剖绘画的发散与借鉴；那些看似古怪的字符是引用神话和象征诗的典故；那些画的主题以及手法是对他当时所处时代的政治、种族、宗教以及死亡等命题的思考。

在2021年佳士得上海拍卖的时候，Hima很幸运看到了11幅巴斯奎特巅峰时期的作品。Hima第一眼的感觉就是非常兴奋："这不就是油画棒画的大怪物娃娃吗？我也可以画呀！"

于是，Hima开始巴斯奎特风的尝试。她甚至还模仿纽约街头的涂鸦者，拿喷漆把家里的一扇阳台门给涂鸦了。她在纸上也创作了很多巴斯奎特风涂鸦，其中最成功的一幅作品是《No War》，这幅画在她的个人画展中展出后，引起了强烈轰动，又被邀请在多个画展中展出。

这幅画的主题是"反对战争"。在这之前，我们看过几部反映二战题材的电影，战争的残酷在孩子的心里有了直观的印象。因此，Hima有个明确的构思，她想用这幅画展现"战争会带来什么？"于是决定自己独立寻找资料。这时候的Hima是幼儿园大班，我刚教了她学拼音，她便会用拼音在网络上搜索。她在搜索引擎输入"战争"两个字，然后在出现的大量相关图片里选取了几幅，有失去了家园的儿童，有哭泣的不想打仗的士兵，有卓别林扮演的希特勒。把这些图片剪贴到画布上，用大笔刷、滚轮、海绵把颜色涂上去，呈现出一种兵荒马乱的粗糙感；然后翻翻自己最近的画作，有一幅全家人其乐融融遛狗的画，把它剪下来贴到画布上；又从画展的手册上剪下一幅毕加索的画，也贴上去；接着便拿来爸爸的大户外靴，在鞋底蘸上鲜红的颜料，重重地踩在这些象征美好的景象上。Hima想通过自己的画告诉大家：战争会摧毁平静的日常生活，战争也令

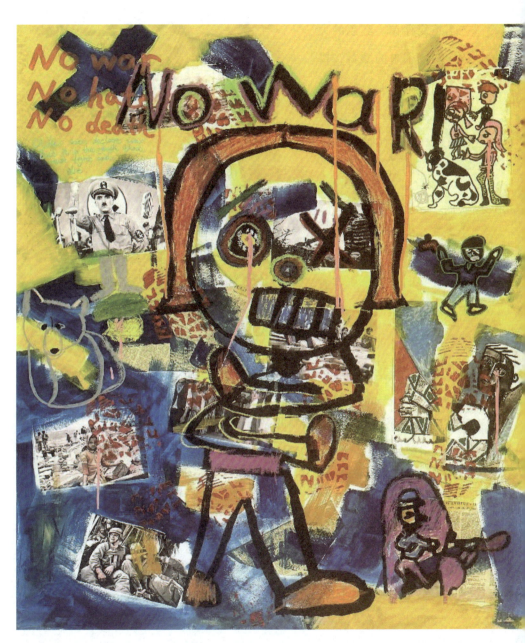

Hima 的巴斯奎特风格作品《No War》

艺术不复存在。红色的大脚印滴淌下来的颜料，格外令人触目惊心。她又加上了一些符号：奔走投降的人，凶神恶煞的熊，发动战争并且在说谎的人，战火所到之处寸草不生的景象等。最后再加上一行文字：反对战争。此刻，呼吁和平的愿望令所有看到这幅画的人产生了共鸣。

当然，孩子尝试巴斯奎特风不一定都要有一个很大的主题，巴斯奎特在

Hima的其他涂鸦作品

拼贴、线条、颜色、符号、材料的综合使用方面，与我们前面讲过的波洛克、米罗、弗里达的创作特点都有微妙的联系。我们可以让孩子通过巴斯奎特风的尝试，把艺术家们的创作特点结合起来，实现自己的创意。

和马蒂斯一起做剪纸

1869年，亨利·马蒂斯出生于法国北方的一个小镇，他的父亲在镇上经营杂货店。1887年，马蒂斯去巴黎学习法律，毕业后从事律师工作。马蒂斯身体不好，有一次他生病住院，马蒂

斯的母亲送来一箱子画具给他打发时间。没想到，马蒂斯因此对绘画产生了浓厚的兴趣，下决心要当一名画家。从此，马蒂斯的人生改变了。

马蒂斯开始去巴黎学画画，师从名家，接受了严格的学院派训练，光在卢浮宫临摹的一幅画，就反复画了六年之久。他擅长静物和风景，忠实于传统画法，得到了主流沙龙的认可。

一次法国南部的旅行令马蒂斯有了新的想法，他开始尝试用不加调和的原色直接作画，放弃了古典主义的细腻柔和，一种颜色鲜艳，对比强烈，视觉"简单粗暴"的画法诞生了。当时的评论界将之称为"一群野兽"，于是这就是"野兽派"画家的由来。

接下来，马蒂斯的一生都致力于创作"布满颜色的平面"，明亮的红色、蓝色、黄色和绿色，去除事物的细节，只突出最重要的特点。《舞蹈》《音乐》《穿紫色衣服的女人》全部贯彻了这

亨利·马蒂斯的剪纸作品

种理念。

到了晚年，马蒂斯的兴趣转向剪纸，他想回答一个艺术上的难题——色彩和线条哪个最重要？他把物体几何化、抽象化，依然实现"布满颜色的平面"，只不过是用剪刀和色块来进行。马蒂斯生命的最后十几年都是在轮椅上剪纸度过的，但他依然保持着认真严谨的创作习惯，看似简单的纸块，他都是一遍遍反复摆放、设计的。

马蒂斯的剪纸作品充满天真和明亮，小朋友们会倍感亲切，"这和幼儿园做的手工好像也没什么不同嘛！"那就趁势让小朋友试试吧！

材料：儿童安全剪刀，胶棒，彩色剪纸。

不需要设置主题，让孩子自己设计。

Hima的剪纸作品完成了，你能猜到她做的是什么吗？

和贾科梅蒂一起做雕塑

20世纪30年代末的巴黎住着一个奇怪的人，他每天白天勤奋地做雕塑，到了晚上就推个小车出来，把一大堆辛辛苦苦做好的雕塑作品扔到塞纳河里去。他仿佛永远对自己的作品不满意，能"侥幸"留下的作品，则是要经过千百次的推翻和修改。这位对自己要求如此严苛的艺术家，就是阿尔贝托·贾科梅蒂。

1901年，贾科梅蒂生于瑞士东部博尔戈诺沃的意大利语区。贾科梅蒂儿时就痴迷于观看，喜欢待在家乡的山洞里对着岩石发呆，这个爱好一直延续到成年，他能在咖啡馆盯着来来往往的人发呆，按雕塑的比例分析每个人的头部。

贾科梅蒂在父亲的工作室长大，一出生呼吸的便是艺术的空气。贾科梅蒂在13岁时完成了他的第一件雕塑作品，15岁时，他开始创作他的兄弟迭戈的一组胸像，后来又以弟弟、父亲和母亲为创作原型创作了不少作品。1919年，贾科梅蒂开始在日内瓦学习艺术，第二年和父亲同游意大利时，他被丁托列托和乔托的作品深深吸引，在佛罗伦萨考古博物馆看到的埃及艺术也激起了他的兴趣。1922年，贾科梅蒂进入著名的"大茅屋学院"，与来自世界各地的学生一起，跟随雕塑家安托万·布德尔学习雕塑。

贾科梅蒂在24岁时，作品第一次参加巴黎杜伊勒利沙龙展。25岁时，他创作了《匙形女子》《俩口子》。28岁时，他进入巴黎超现实主义画家圈子，成为重要雕塑家，结识了毕加索、米罗等人。1934年，33岁的贾科梅蒂脱离超现实团体，他不愿再用前人的眼睛看世界，他想把自己感知的世界表达出来。

当时的巴黎花神咖啡馆云集了一大群知识分子和艺术家，大家在这里热烈地探讨哲学与艺术的话题，贾科梅蒂与哲学家萨特、作家波伏娃、剧作家贝克特、摄影家布列松成了好朋友，他们之间的友谊彼此滋养，相互促进了各自领域的思考。萨特从贾科梅蒂的雕塑中获得了许多对于存在主义的见解，甚至影响了他著名的作品《存在与虚无》。贾科梅蒂为贝克特的剧作《等待戈多》设计了舞美，还以波伏娃为原型做了雕塑。在经过与他人的热烈探讨中，贾科梅蒂不断对自己的作品进行创作，否定，再创作，再否定。

传统的雕塑美学是遵从罗丹那样的解剖学和结构知识的，人物健美动感，肌肉饱满。现在，贾科梅蒂决定改变这一切。1947至1951年间，贾科梅蒂做了一系列瘦瘦长长，单独或成群行走的男人与女人形象。

1948年，沉寂15年的贾科梅蒂在纽约的马蒂斯画廊举办个展，萨特为该展览撰写了序言。当时是第二次世界大战结束之时，战争虽然结束了，战后带来的一系列创伤才开始慢慢发酵，世界的走向和人类的命运变得越来越不可控，人与人之间的隔阂越来越深。贾科梅蒂的雕像细长如刀锋，像人夜间在深巷中行走，透露出一种对生命真相的对话——孤独、漂泊、不安、迷惘。

贾科梅蒂最著名的作品《行走的人》是艺术史上的一件杰作，作品中的男人迈开小心翼翼的脚步，挺胸直行，但好像在一片茫然中没找到方向。这个在走的男人失去了时间感，也失去了空间感，甚至失去了生命感，即使他在活着走动，但生命的归宿

《行走的人》 阿尔贝托·贾科梅蒂

感却在丧失。对刚刚从战争中解脱，又立刻被原子威胁的人类来说，贾科梅蒂的作品唤起所有人共鸣。《行走的人》屡屡打破拍卖纪录的价格已经不足以表明它的价值，它已成为人类在这个时代中脆弱的象征，更是20世纪艺术的标志。

Hima在尤伦斯当代艺术中心观看过贾科梅蒂的作品，她对作品的材质很感兴趣，我告诉她这是青铜做的，她就开始研究怎么用小孩有的材料做一个类似的。有一天，我在厨房做饭的时候她看到我在用锡纸包鸡翅，她眼睛一亮，"这个很像做雕塑的青铜呀"，于是，小孩儿版的雕塑就诞生了。

材料：手工扭扭棒，厨房锡纸，一块橡皮泥。

步骤1：构思自己想做的人物造型。如果想做贾科梅蒂的瘦人，就用扭扭棒弯曲扭出头、躯干、长长的四肢，棒与棒之间直接缠绕在一起即可完成连接。

扭扭棒和锡纸

做出骨架

步骤2：把厨房锡纸剪成数块，逐块包住扭扭棒塑造好的骨架上，绷住缠紧，人物的"肉"就填充完毕了。

步骤3：把人物的脚固定在橡皮泥做的底座上，让人物完成直立这一步。

看！大师级的雕塑就做好啦！小朋友不需要研究这个雕塑好不好看，重要的是通过一种材质去表达自己的想法。

Hima做的是一个穿着芭蕾舞裙翩翩起舞的女演员，相信你能做得更好！

穿着芭蕾舞裙翩翩起舞的女演员雕塑完成了

和王希孟一起画千里江山图

中国画很难，正如古诗词一样，有大量"意会"的部分，不是三言两语可以概括。然而中国书画艺术又有"润物细无声"的魔力，即使是小朋友，也能领略古画之美。

中国画的至高水准，首推宋画，宋画之中，知名度最高的便是故宫博物院馆藏的《千里江山图》了。这幅作品到了乾隆年间变成皇家珍藏，直到末代皇帝溥仪出逃之时变卖，最终被故宫博物院收回。

提到中国古代的书法家、画家，大家总会想到那么几个如雷贯耳的名字：赵孟頫、王羲之、吴道子、顾恺之等，但"王希孟"这个名字，恐怕没什么人知道。这个王希孟就是《千里江山图》的作者，更为惊人的是，王希孟创作《千里江山图》时仅是个年方十八岁的少年！

宋徽君是历史上一个难以评说的皇帝，作为艺术家，他确实很内行，咱们现在使用的瘦金体就是他的发明；但就他的本职工作——治国理政，实在是没干好。什么都挡不住他那颗痴迷艺术的心，为了发现更多艺术人才，宋徽君亲自组织艺考，设立皇家画院，邀请全国的艺术生前来报名。不得不说宋徽宗的教育理念非常优秀，皇家画院不是只学画画，而是像现在的艺术院校一样，有"专业课"有"文化课"。专业课学什么？"画学之业，曰佛道、曰人物、曰山水、曰鸟兽、曰花竹、曰屋木"，可以说很全面了。然后文化课学点啥呢？学习《说文》《尔雅》《方言》《释名》、篆字书写和艺术语言表述能力，这在现代叫艺术评论与批评。所以能进入皇家画院学习，对于当时爱画画的年轻人来说当然是梦想中的天堂。王希孟就是其中一位，他考入了皇家画院后，受到了宋徽宗的赏识，宋徽宗甚至亲自指导他画画，于是王希孟小宇宙爆发，潜心画了半年时间，为宋徽宗呈上这幅《千里江山图》。

在这里要说说中国山水画，中国山水画是全世界独一份儿的画种，它并不是以描绘客观山水为主要追求的，而是重在表达人的主观感受。看到这里是不是觉得似曾相识？前面讲到过的多位西方艺术家终其一生也在以此为艺术追求，所以这个理念其实超前了西方画派许多年。中国山水画始于魏晋时期，这与魏晋时期对知识分子的高压政策有关，

《千里江山图》局部 王希孟

使得一批文人走入山林，与自然山水相唱相和。

　　中国画别名"丹青"，正是与青绿山水有关，丹即丹砂，青是青䐓，都是矿物质颜料。每一种颜料的制作工艺都要先经过洗—捣—箩—淘—研—煮—漂七道工艺，最后研磨达到标准的颜料——轻细若尘，入水即化；与墨相融，经久不变。

　　《千里江山图》尤其将青绿山水展现得淋漓尽致，采用大量石青、石绿，这些天然的矿物质使得画卷色泽鲜艳璀璨，历经千年而不衰。

　　《千里江山图》长近12米，这个尺幅在现代都算巨作，在当时更是难以想象。如此的长卷上刻画形态相近的山水，颜色又都是青绿，如何画出新意？王希孟在蓝绿色调中寻求变化，虽然都以青绿为主色调，但在施色时注重手法的变化，时而浑厚，时而轻盈，黄色、赭色衬在其间，间或有若隐若现的亭台楼阁和人物，使得画面层次分明，丰富饱满。

　　这幅珍藏于故宫博物院的《千里江山图》由于是脆弱的绢

本材质，从不轻易展示。此前只有1953年、1978年、2009年、2013年、2017年五次出库展览，最近的一次也只在2017年，以每位观众限时观看五分钟的规定开放过一次。

让小孩子创作一幅如此重磅的中国名画，可能吗？完全可能。

现在，请跟小老师Hima一起走进北宋的皇家画院吧！

材料：中国画颜料，牛皮纸，铅笔，深蓝色水彩笔或马克笔，餐巾纸。

步骤1：首先用铅笔在牛皮纸上勾出山峰的线条，注意要高低起伏，最中间的山峰最高。

步骤2：用深蓝色的水彩笔或马克笔加深山峰的轮廓。

步骤3：从国画颜料里挑出三青，加水调和，在山峰轮廓内侧晕染。

步骤4：从国画颜料中挑出三绿，涂抹山峰下面的水面。

步骤5：用三绿涂抹山峰的中部，用手指与蓝色的部分完成衔接。

步骤6：选取藤黄，在山峰中间画出山峰棱角。

创作的过程图

步骤7：用深绿色细笔在水面画出水波纹的感觉。

步骤8：用黑色水彩笔勾出弹古筝的小人儿和山间的亭台楼阁，用红色画出水面上的一叶扁舟。

步骤9：将餐巾纸揉成一团，蘸取白色颜料，在山间沾出一团一团的白色云朵。云朵要若有若无，围绕山间。

最后，这幅儿童版《千里江山图》就画好啦！

Hima版《千里江山图》创作完成

领略宋画之美，感受穿越千年的震撼，在亲手绘制国宝的过程中，必会令孩子的审美力得到巨大的提升，同时，孩子对中华艺术的理解也不再局限于卷面的问答。

这一章里提到了十位我认为对孩子美育特别有影响的艺术家，其实对Hima而言，对她产生影响的艺术家不止这十位。例如她喜欢的涂鸦艺术家除了提到的巴斯奎特，还有已故的凯斯·哈林，新锐的Mr.Doodle，她迷恋这些风格的涂鸦，并画下自己想要的涂鸦；印象派画家里她最喜欢的是梵高，还有夏加尔，她从五岁起就大胆临摹这些印象派的画家，有时甚至创造自己的新作。我亲身感受到大师的力量是如何"力透纸背"，感染到每一个观赏者的心田，不分年龄学历，阅历尊卑。

　　再加上，陪孩子欣赏大师名作的过程中，我也受到无比的滋养，曾经模模糊糊的知识逐渐变得清晰，以前不甚了解的内容不断得到更新，很多时候，甚至是和孩子一起从头了解一遍，这些体验，弥足珍贵，而且历久弥新。有些时候，我发自内心感谢上苍赐我一个孩子，让我有幸和孩子一起重新认识艺术之美，探索创作的乐趣。这种感觉，这种惊喜，真的很好。

　　人类的艺术史上留下了那么多闪耀的名字，我只选取了中外十位我认为非常适合给孩子启蒙学习的艺术大师。他们有的英年早逝，有的饱尝艰难，但都拥有共同的特点：**热爱与坚持**。所有的兴趣，都脱离不开这两个词。天赋、家庭，虽然也占一定因素，但决定是否最终成为大师的，还是孤独的、持久的、屡屡被臧否而依然坚守的热爱。**无论是饱受精神疾苦的梵高、草间弥生，还是长期忍受肉体病痛的弗里达、马蒂斯，他们无论在多艰难的时候都未曾放弃过创作，相反，他们用创作来对抗现实的艰难，用艺术来消解心灵和肉身的痛苦。当命运弃你于泥潭，许多人会认命躺平，直至深陷泥底，而这些艺术家则在泥潭之上种出了夺目的鲜花。**

　　所以，艺术仅仅是教孩子欣赏好看的画吗？并不是，艺术的根本是"人"，这些艺术品和艺术家的故事给我们的启迪，不只是"美"，而是超越平庸的人类哲学，以及充满激情的生命力量。生而为人，触摸到艺术，感知创作者的悲喜和历史的脉动，是何其有幸，与此同时，我们站在艺术品前产生的思考和联想，也会成为艺术品的一部分。